我在華爾街學到的致勝投資術

——一輩子不再為錢煩惱

高橋晴美——執筆協力
陳佩玉、李浩然——譯

高橋丹（高橋ダン）——著

僕がウォール街で学んだ
勝利の投資術

前言

日本人很適合投資

感謝您購買此書。

我的父親是美國人、母親是日本人，我以前曾在華爾街的投資銀行及避險基金公司就職做投資。二〇二〇年開始在Youtube、Twitter、部落格等處，以英日兩種語言分享投資相關資訊以及解說國際新聞。（https://www.youtube.com/channel/UCFXl12dZUPs7MLy_dMkMZYw）

我出生在東京，到十歲之前大部分的時間都在日本度過，之後才移民美國並在美國長大。我二十一歲時從大學畢業，並在華爾街的投資銀行就職。後來轉職到避險基金公司累積經驗。後來我與導師（Mentor）一起成立新的避險基金公司，那是在我二十六歲時。到了三十歲，我賣掉了避險基金公司的持有股份，到新加坡等國家生活，期間我還造訪了六十幾個國家，直到二〇一九年秋天回到日本，目前正在取得日本國籍。

我第一次體驗到何謂投資，是在十二歲時。

那一年，我在母親的老家過年，外祖父母給了我十萬日圓的高額壓歲錢。說是給我這個總是見不到面的孫子補齊十年分的壓歲錢，那是個滿載著祖父母心意的大紅包。他們將壓歲錢交給我時囑咐我要好好和父母商量再決定怎麼用這筆錢，總而言之對於初次得到這麼大一筆錢的我而言，是非常興奮且雀躍的。

但是，當我還在因為「可以買到無數的糖果與零食」而充滿期待時，父親對我說：

「比起十萬圓，如果能變成二十萬圓不是更好嗎？要不要試試將十萬圓變得更多再來用它？」

於是我決定接受這個更加誘人的提議。

父親教給十二歲的我的是美國國債的投資。

那是一個安全性高且當時年利率高達七％、是相當有魅力的投資標的物。年利率七％的話，表示我的寶貴壓歲錢十萬圓，只要十年就能增加至原來的兩倍。所以只要投資我的錢就可以變得更多，我的第一次經驗就是因此而來。

不是投資專家的父親能給我這個提議，其實也是因為他自身的經驗。在我的父親剛出生時，身為瑞典移民的曾祖父，便以父親的名義購買了小額的國債。

在日本，會有給十二歲孩子做出投資建議的父母親嗎？

在日本，我聽說會認為「投資有風險」的人還是占多數。

我在華爾街雖然拿出了做出了很漂亮的成績，但也有過產生巨額損失的時刻。但是我從這些經驗學會了更多，也更加的確信投資中最重要的一點就是「投資必須有規律」。

我至今遊覽了許多國家，也在幾個國家落腳生活過，從這些經驗我認知到「日本人是全世界屈指可數的講究規律的民族」。日本人大多數都很願意遵守約定、規則與時間。

發現了嗎？這就表示「日本人很適合投資」。

儘管如此，在日本「投資」仍然是特別的，大多數的人仍然認為投資是一項風險巨大且危險的行為。這是一種很不可思議的想法，除了很可惜之外，也是一個非常嚴重的問題。無論是對於個人而言，還是對於日本這個國家而言，都是個大問題。

我在十二歲時得到的十萬日圓，過了十年已經倍數成長，我也能順利地以它換來更多的錢、用來買更多喜歡的東西。

「投資」其實就是這麼一回事。

我一直認為投資賺取更多的金錢，人生的選擇權也會更加廣闊。比方說，或許就能辭掉非真心喜愛並重新挑戰嚮往的工作、也或許就能送心愛的孩子到國外留學、具備優良培育系統的運動俱樂部或音樂課程學習技能。賺取更多的金錢，可以使人生增加更多的可能性。

事實上，父親會鼓勵我投資債券，也是因為他上大學時的花費，正是來自幼時不甚富裕的曾祖父堅持為他投資債券而獲得的收益。

投資還有助於減輕焦慮感。

日本的年金制度正因為少子高齡化而令人焦慮感日漸擴大。多數的人都認為必須為自己準備一定的老後預備金。

也有不少人的收入因為新冠疫情的影響而減少，但這時如果能具備以投資賺取額外收入的技能，即可彌補收入的缺口。無論是因疫情警戒而被迫禁足的生活亦或景氣惡化的時期，投資都是不受影響的副業選擇。

我希望日本人能成為世界頂尖的理財素養大國

我會開始經營YouTube頻道的契機，是因為我想要加深日本民眾與社會之間的聯繫。但不久之後，我也知道了日本社會各式各樣的問題。像是金融政策、經濟方針、教育等等。因此我開始想「日本雖是非常美好的國家，但也面臨著相當大的課題，因此必須做出改變」。

後來我的YouTube訂閱人數愈來愈多，也收到了許多網友的留言。讓我最驚訝的是，留言中還收到了許多日本網友寫下的「ARIGATOU」等感謝的話語。我曾向同樣經營以海外群眾為目的的YouTuber朋友打聽，才知道這是件相當罕見的事情，我認為這就是日本一種非常美好的特質，我真的深受感動。

也因為如此，我才開始有「希望日本人能成為世界頂尖的理財素養（Financial Literacy）大國」的想法。

當然，該怎麼做我後文會詳加敘述，日本經濟有很大的問題，除此之外還面臨著「大多數人的薪資所得停滯不前」、「老年後的生活令人焦慮」等煩惱。而想要脫離這樣的困境，首先就是必須提高理財素養。

如前文所述，日本人擁有投資最不可或缺的一大素養，也就是「講究規律」。我想，只要能夠吸收我在華爾街學到的投資心法，大家的理財素養也一定會有所提升。接下來，我會將畢生所學，全部分享給各位讀者們。

雖然很多人都會說投資有風險，但不做任何投資也是一大風險。

相信您只要讀完本書，一定可以理解箇中道理。

CONTENTS

前言……3
日本人很適合投資……3
我希望日本人能成為世界頂尖的理財素養大國……8

Chapter 1
成為千萬富翁的八大法則……21
我想將在華爾街所學到的一切分享給大家……22

[法則1] **不再把投資視為風險**
投資不是風險、不投資才是風險……24
投資可增加選擇權，消除焦慮感……24
不投資才是風險的思維……29
無論年齡老少……30

[法則2] **跳脫「溫水煮青蛙」，建立停損點**
收益率過低。還能夠獲得更高的效益……33
情況逐漸惡化的日本，應該轉換思考……33

【法則3】分開策畫，「長期投資計劃」與「短期投資」
以長期投資計劃為本，再以短期投資拉高效益……37
以高橋丹式『獅子戰略』大膽地投資……37
【法則4】記住「夏普比率」
降低風險、提高效益……42
了解夏普比率，成為世界第一的投資專家……42
【法則5】善用日本人講究規律的特性
以日曆進行記錄、遵守規律、自己與自己交易……45
亂無章法的投入會迎來重大損失……45
做筆記、守規律……46
【法則6】失敗，不能避開只能跨過去
勇敢挑戰不懼怕失敗，跨過失敗後才能提高投資技能……50
從小額開始嘗試，逐漸累積經驗值……50

［法則7］豐富並掌控心理能量
金錢只是數字，而非目的……53
學會調整情緒……53
過度糾結在金錢上，金錢愈不可能增加……54
［法則8］不被過去的成績束縛也不去預測未來
關鍵不在於美股有多強，而是找出如同美國一樣的潛力國……58
在獅子戰略中不對未來多加預測……58
不被過去的獲利束縛……60
多加關注國際新聞……61
比新聞更早看見市場……63
Chapter 2
從華爾街到東南亞，再到日本……67
好勝不服輸的少年走向華爾街……68
在康乃爾大學學到的重點……69
做出必勝的策略……72

入職金融王者摩根士丹利……77
不適合我的業務工作……78
發生在一年之後的雷曼風暴……79
雷曼風暴教會我的東西……80
轉調交易員……82
沒有經過冒險的人生，也是一道風險……86
找到導師、徹底學習……88
二十五年來成績從未出現過負數的人……93
二十六歲成立避險基金公司……94
募資的問題在於損失風險的大小……97
持續一年半的超優運作……100
十分鐘損失七億的原因……101
開始步上東南亞之旅……105
遇見形形色色的人們，在投資上也得到啟發……109
離開華爾街的決心……112
終於邁向日本！……116

Chapter 3

獅子戰略①了解成為億萬富翁所需要的資產……123
所需的資產分為三種類別……124
股票……125
海外ETF是最理想的選擇……127
個股怎麼樣呢……129
我應該持有日本股票嗎……130
公司債券……137
企業發行之債券，有利息和還本的功能……137
貨幣……139
把自己的房子當作資產……140
國債……143
現金……146
大宗商品……146
黃金……147
白銀……150
白金……152

其他大宗商品……154
比特幣……155
投資的責任要自行承擔……158

Chapter 4 獅子戰略②基礎就在於老老實實的長期定期定額……161

長期定期定額就是基礎……162
把薪水分成三個部分，決定運用在投資上的金額……164
把現金和存款也視為投資……166
如果拿到獎金或一大筆資金，也要按照時機來分配……168
投資組合分為三種類別……169
三種類別的比例該如何拿捏……171
儘早開始，小額也沒關係……174
使用定期定額NISA和iDeCo……176
強制定期定額的優點……181
運用紀律性來定期定額投資ETF……182
用新增資金來重新調整投資組合……183

如果沒有新增資金的話，要如何進行重新調整……185
重新調整還有其他的效果……186

Chapter 5
獅子戰略③利用短期投資提升績效……189

短期投資要跟著趨勢走來提升績效……190
新手不需要勉強，只有長期定期定額也ＯＫ……191
小額投入，也可以試試看模擬器……192
累積小額的獲利……194
短期投資的想法應該從何找起？……195
查看國際新聞……197
是否需要設定停損的規則呢？……198
如果只是微小的損失，不管虧幾次都沒關係……200
虧損是難免的，千萬不要責怪自己……203
就算賠錢也不要放棄投資……205
資金槓桿可能會放大損失……206
夏普比率是很重要的……207

夏普比率的計算公式……211
價格下跌有兩大損失……213
投資商品的多元化和相關係數是很重要的……215
如何提高夏普比率……216
技術的發展是多元化的障礙……218
即使再怎麼多元化，也會有一時失足的時候……220
考慮財產的避險……223
長期定期定額的投資也需要避險？……225
檢視自己的個性與壓力大小……226
利用賣空來避險……227
掌握多種避險方法……230
使用反向型ETF來避險是不恰當的……231
活用選擇權交易來進行避險……236

Chapter 6
獅子戰略④圖表與技術面分析……241
不要看基本面，要看技術面……242

學習圖表，累積經驗……244
圖表應該要多久看一次……245
K線圖（Candlestick Chart）……246
成交量（Volume）……248
移動平均（Moving Average）……249
MACD……251
布林通道……256
RSI……260
找出股價的領先指標……263
圖表是一門藝術，非常深奧……266

後記……267

●本書內容所提及所有事例、時間點皆截至二〇二〇年十月二十三日。
●本書為股票投資建議書籍。
●本書內容資訊僅供讀者學習參考，如因本書揭露之資訊造成損失，請恕本書無法承擔任何責任。請讀者獨立思考後再做投資，盈虧自行負責。

Chapter 1

成為千萬富翁的八大法則

我想將在華爾街所學到的一切分享給大家

日本的物價指數約有二十五年幾乎不見變化。這在全世界或在歷史上可說前所未聞的情況。大多數的日本人都沒有發現，但這確實是一件相當奇怪的事實。全世界的物價都在上漲而日本卻毫無動靜，相對的也表示日本的生活水準正在下滑中。日本是非常好的國家，但經濟正在衰退。我在海外可以清楚的認知到這個事實，因為旅居在外的期間經常聽見有人說「日本的經濟成長停滯不前」，我也常因為這樣而感到不舒服。

我每天都在YouTube頻道分享投資相關的建議或解說國際新聞，目的就是為了提高日本民眾的理財素養。

頻道開始之初，我曾認為訂閱人數的多寡是最重要的。但後來發現重要的不僅僅是訂閱人數，而是我與收看的觀眾能在彼此身上學到什麼。收看我頻道的觀眾每天都會在留言區與我討論，還會幫我修正錯誤的日語用法。所以我也與觀眾之間不是單向的輸出，而是互相傳授的關係。我認為這一點也是日本獨特的地方，日本真的是個社會心態相當美好的地方。

為了能與日本的人們共同成長，我想將我在華爾街學到的投資策略分享給我的讀者們。那就是成為千萬富翁的八大法則。

法則1

不再把投資視為風險

投資不是風險、不投資才是風險

投資可增加選擇權，消除焦慮感

首先，我想說的是「投資並不是賭博」。

在日本，「投資」這個詞彙似乎不怎麼受歡迎，有許多人對於「投資」的印象，都會聯想到是危險的、甚至認為它是賭博。

但是，這種想法是大大的錯誤，我認為投資就是金錢本身，它們是一樣的性質。

現代的人為了生存，必須付出勞動以獲得收入。投資也一樣。現代的人為了生存，除了必須付出勞動以獲得收入之外，更重要的是將獲得的收入變得更多。勞動獲得金錢、投資獲得金錢（獲利）。我認為這是幾乎相同的事情，並沒有什麼特別的。

許多人都會想只要有現金和存款就夠了，但這種想法必須改變。大多數人都以為現金和存款絕對安全，但其實這種觀念並不正確。因為金融危機銀行凍結存款、導致存款無法取出、因為惡性通膨使幣值從一萬圓暴跌成一圓也並非不可能，因此正確來說不過是「現金與存款的風險較小」而已。

從歷史上來看，經濟一旦有了成長，物價普遍也都會有上揚的趨勢。

假設物價一年上升二%好了。這麼一來，現在價值一百萬圓的東西，一年後就等於一百零二萬圓。除非存款利率上升超過二%，否則以當時的存款是無法購買價值一百零二萬圓的東西的，也就代表一百萬日圓的實際價值是減少的。現金或銀行存款都有這類通貨膨脹的問題，無法鐵口斷言絕無風險存在。

這麼說或許會讓人感到驚訝，但我認為現金和存款不是用來規避風險的，而

存款存在的風險

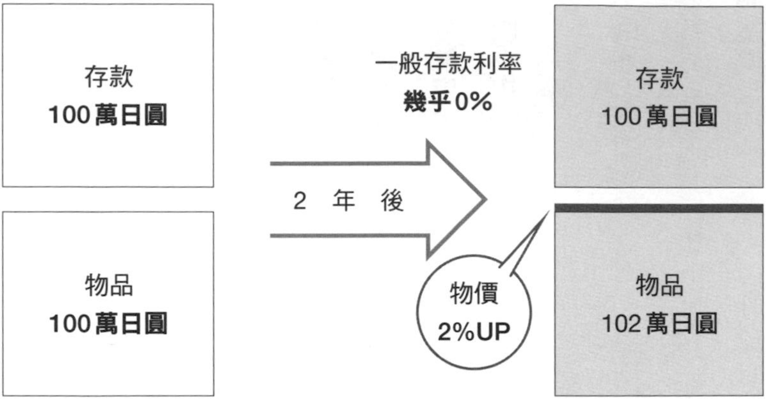

即使物價上升，只要存款利率不變，
存款的實質價值也等於減少。

是在還沒有發生通貨膨脹時的一種投資。

我會建議投資，有兩個理由。

首先是，**金錢累積愈多人生的選項也更廣闊**。

只要擁有足夠的金錢，無論面對轉職、休養、旅遊、孩子的教育等任何想做的事情時，都不用再因為資金問題而忍耐放棄或造成心理壓力。而且如果有投資賺錢的技能，婚後經濟方面也能獨立，即使遇到個性不合的伴侶也不必再受束縛，或許就能減少婚姻不幸的機率。

賺錢增加收入雖然也可以採取增加工作量的作法，但投資不需要老闆、也不需要顧客。即使遇到流行疾病，禁足期間也能在家裡進行。因此我認為投資可說是最強的副業。

還有一項理由，那就是存老本。

日本的財政有很大的問題，相信有不少人都對養老金或社會保障的走向都抱持著不安的態度。確實，為了自己老年後的生活著想，構建資產相當的重要，在美國大多數人也都會為了退休後的生活資金進行投資。

增加人生權擇權、儲備老本。為了達到這些目的，投資是必須的，再加上現在也有許多正確方法可以有效規避投資帶來的風險，因此我也請求各位千萬別再將投資視為賭博。

我經常收到YouTube的觀眾投書說「我以為機會來了就投進去了，沒想到還是虧了」。但我發覺，在這些觀眾當中有不少人都是光憑一則新聞就立刻下單，沒有獨立思考、也沒有深入分析。

只看新聞表面就立刻下單購買的人，那確實不是投資、而是相似於賭博的行為。就像是去到賭場聽到剛才出了紅的，就想接下來就賭賭黑的吧一樣，這就是一種固化思維，我們不能將之視為投資。

更令人著急的是，在做了這種宛如賭博的行為而發生損失時，又要說「投資太可怕了、我再也不投資了」。**明明就不是按著投資初始的用意去做，卻對投資產生了負面的情緒，那真的是人生最大的損失**。

或者也有這種情況，也就是真的是因為想好好賺錢增加收入而開始投資、或抱著想學的心態將資金投入卻仍然發生虧損。如果最終只將這種經驗當成一種錯誤的嘗試，那就太可惜了。有失才有得、失敗乃成功之母，要知道投資本身並不是壞事，只是方法有點錯誤而已。而且經過失敗，只要累積經驗接下來一定會愈來愈熟練。

不投資才是風險的思維

我想在座的讀者當中或許會有人認為「投資的風險太大了」。如果你真的這麼認為，那真的是大大的誤解。

說到風險，一般人都會立刻聯想到，不就是投資的金錢發生損失、減少了嗎？就字面上的定義，一般會將「價格發生變動」稱之為風險、並將「價格波動率很大」稱之為風險大。價格上升五%跟價格上升十%，一般都會認為前者風險小而後者風險大。

原則上，風險和獲利是成正比的。在投資的世界中，風險較小的投資方式、可期待的獲利也較小，風險較大的方式、可期待的獲利自然也較大。

至於願意承擔多大的風險或獲利，必須由個人的年齡、經驗或性格等來調整。

如果你只能承擔小小的風險，那就選擇風險較小的投資方式，這也是完全能夠經由管控做到的（Chapter 4將會詳細講解）。

請各位讀者明白，投資本身並不是風險，完全不投資才會造成風險。而且，風險大小是能夠管控的。當然，投資再怎麼說都是必須自己承擔責任的行為。

無論年齡老少

似乎也有人認為，到了一定的年齡便不再適合做投資，但我要說並沒有這回事。投資也有各式各樣的方法。只要選擇符合自身年齡或狀況的管道，即使到了六十歲、七十歲、八十歲都能做得到。

只要透過簡單的方法，像是購買股票、債券、投資信託基金等即可。特別是新入門者我認還是不要購買過於複雜的商品。

年輕人也一樣。我雖然從十二歲就開始在投資，但也不是什麼投資天才。就像我的父親對我一樣，只要能夠對他們伸出引導的手，少年、少女都可以開始展開投資。

大學生也是，我希望他們都能好好考慮，每個月都能從打工薪資中抽出一萬圓日幣，從小額開始走上投資之路。

年輕人與前輩們相比，或許沒有那麼多可投入的資金，但年輕人有的是「時間」。即使市場情勢因為雷曼風暴和新冠疫情暴跌，年輕人也有足夠的資本等待復甦，除此之外還能靜待複利效果，也就是說已經投進去的本金和利息可以放著再利滾利。在所有的投資行為當中，時間可說是最寶貴的禮物。就算是為了不浪費掉這層禮物，也一定要試著開始展開投資，即使每個月只投入幾千日圓也無所謂。

我所認為的浪費金錢，是過度的將金錢花在生活上、買了太多沒有必要的東西，還有就是「不做投資」。

金錢不能只是「用」，如果不做投資就無法說得上「有效地運用」，非常地可惜。這就是我的想法。

法則 2

跳脫「溫水煮青蛙」，建立停損點

收益率過低。還能夠獲得更高的效益

情況逐漸惡化的日本，應該轉換思考

如前述，日本的物價已經有長一段時間都不見上升。

其實，為什麼投資在日本總是會有難以發展的感覺，是因為經濟狀況也會有所影響。

如果物價指數都沒有上升，也就無法積極的進行投資，這是無可避免的事。這是因為物價不升、股價或房地產都不會有所成長，也就難以通過投資來增加資產。

只是，物價上升薪資卻不見成長，生活水準也難見進步。

因此，想要增加人生選擇權、想為老年生活建立信心等，還是需要進行投資。其實，更正確的說法應該是「更需要投資」。

但**即使日本的物價沒有上升，在世界上仍有一些具有高成長潛力的國家，因此投資想要獲利還是可能性還是極高的**。物價、利息、股票都不漲……。雖然我這樣說可能太嚴厲了，但大家應該盡快在習慣這樣的趨勢前，也就是應該快點在這種「溫水煮青蛙」的情境下清醒過來！我認為只要學會投資的技巧，賺錢增加收入是絕對可行的。

為此，在思維上必須做出極端性的改變。

這些話由我這個初來乍到的人來說，或許過於傲慢了，但是從歷史的進程看來，日本變化的速度真的太慢了。如果沒有一個巨大的衝擊或事件，很難有新的開始。這是一個非常危險的事實，無論是國家或個人，我認為應該快點動起來才對。否則，再這樣下去我認為日本會陷入一種長期性的經濟危機。

我也是日本人，相信未來即將來到這世間的我的孩子也會是日本人。我希望他

各國人均國內生產毛額（GDP）列表

1996年	
1	盧森堡
2	瑞士
3	日本
4	挪威
5	丹麥
6	瑞典
7	德國
8	米國
9	澳大利亞
10	荷蘭
11	阿拉伯聯合大公國
12	冰島
13	比利時
14	法國
15	新加波
16	芬蘭
17	香港
18	英國
19	澳大利亞
20	義大利
21	加拿大
22	巴哈馬
23	愛爾蘭
24	以色列
25	汶萊
26	紐西蘭
27	卡達
28	荷屬阿魯巴
29	西班牙
30	賽普勒斯共和國
31	科威特
32	希臘
33	台灣
34	南韓
35	波多黎各
36	巴林
37	葡萄牙
38	斯洛維尼亞
39	安地卡及巴布達
40	馬爾他
41	巴貝多
42	沙烏地阿拉伯
43	阿根廷
44	利比亞
45	聖克里斯多福及尼維斯
46	烏拉圭
47	阿曼
48	塞席爾
49	捷克
50	加彭

2018年	
1	摩納哥
2	列支敦斯登
3	盧森堡
4	百慕達
5	開曼群島
6	澳門
7	瑞士
8	挪威
9	愛爾蘭
10	冰島
11	卡達
12	美國
13	新加坡
14	丹麥
15	澳大利亞
16	瑞典
17	格陵蘭
18	荷蘭
19	奧地利
20	芬蘭
21	香港
22	聖馬利諾
23	德國
24	比利時
25	加拿大
26	英屬維京群島
27	以色列
28	紐西蘭
29	阿拉伯聯合大公國
30	英國
31	安道爾公國
32	法國
33	日本
34	新喀里多尼亞
35	義大利
36	科威特
37	馬爾他
38	南韓
39	汶萊
40	巴哈馬
41	西班牙
42	荷屬阿魯巴
43	賽普勒斯共和國
44	土克斯及開科斯群島
45	波多黎各
46	斯洛維尼亞
47	台灣
48	巴林
49	荷屬聖馬丁島
50	愛沙尼亞

（來自聯合國統計）

在走出這時代洪流時能夠挺起胸，驕傲的說出「我是日本人」，成為一個受到往來對象尊敬的存在。

我想，或許也會有人認為薪水沒漲，但只要物價不漲那也沒什麼關係。但這其實是因為自己已經過過於習慣薪水不漲的事實。我想日本與國外相比，在國際新聞上出現的機會太低，積極前往海外旅遊的人數也不是很多。所以很難體會到國外都是怎麼成長、而日本又是怎麼後退的。

如果能夠看看越南、印尼或菲律賓這些國家，就能看出他們有相當大的野心，更別說也已經有不少足以超越日本企業的公司相繼出現。

無論是日本、日本企業或日本人都應該知道危機感已經迫在眼前了。雖然日本對於來自海外的移民接受度非常的低，但即使沒有海外移民，工作機會被海外人士奪走的機率也不無可能。

法則 3

分開策畫，「長期投資計劃」與「短期投資」

以長期投資計劃為本，再以短期投資拉高效益

以高橋丹式『獅子戰略』大膽地投資

我將我自己的投資策略命名為「獅子戰略」。

策略中最大的核心就是將資金的七至九成歸作「長期投資計劃」用，而一至三成則作「短期投資」用。

我在非洲旅行時，曾經仔細的觀察過獅子。

獅子在平常幾乎不會做出什麼無謂的動作，只會靜靜的待著。但只要獵物一出現在牠們的視野裡，牠們就會以最快的速度往上撲。「獅子戰略」的命名便是由此

而來。平常以長期的計劃一點一點的累積，一旦到了適當的時機便投入短線，這就是獅子戰略。

我花了十年以上才建立起來的這個獅子戰略，是基於「無論自己多麼地有信心、有經驗，總會有發生失誤的一天。如果以一定會出現失誤為前提，那麼無論是買賣的時機、商品、策略都應該採取多樣化以隨機應變」。

多樣化指的是將多種金融商品加入投資計劃、並建立多種不同的策略，以分散風險。

首先是將薪水的一部分劃分為長期投資計劃用。

所謂的長期投資計劃，是指將每個月可用於投資的資金，劃分出一部分持續性的購買股票等衍生性金融商品。

詳細內容會在 Chapter 4 中闡述，這種計劃也有多種選擇，例如選擇資產種類

（股票、債券、衍生性金融商品等）、標的物的領域、貨幣等，都應該多樣化。而至於要以何種程度的比例投入資金，我認為應該視自己的年齡、資金用處、經驗、性格等決定。

長期投資計劃不是那種一口氣投入大量金額的方式，將投入資金的時期分散，也可規避在價高時大量買入的失敗風險。

說到投資往往都會考慮到投入的時機，但長期投資計劃考慮的不是趁低價買入，而是只要少額且定期地投資即可，不用確認市場的情況。**不間斷地、一點一滴地持續買進，等到需要用錢時再脫手賣出即可**。

搭配這種長期投資計劃實施的就是「短期投資」

在雷曼風暴、新冠疫情等大型危機事件發生時，市場的價值波動都會變得格外劇烈。但是市場價值波動劇烈（價格浮動大）也表示有更大的機會獲得大量利潤。

因此，以長期投資計劃時，還要搭配短期投資才能提升整體的效益。

獅子戰略的基本

可投資資金的70～90%

長期投資計劃
［數個月以上
必要時或年老後使用］

每個月持續性地購買股票等金融商品
緩慢有計劃的構建資產根基

＋

可投資資金的10～30%

短期投資
［數日～數個月］

順著價格波動進退場提高效益。
降低市值的變動。

此外，危機發生時，無論購買再多樣的金融商品，長期計劃中的資產也一定會有一時降值的狀況發生。此時，如果能夠**透過短期投資的輔助，也可有效彌補降值帶來的損失**。

但是，我也希望各位不要因此就認為短期投資必不可少。

特別是對新入門的讀者而言，短期投資可能會讓人感到入門困難，此時如果勉強自己去跟進，可能會對投資失去意欲。因此，我建議首先還是要以長期投資計劃為始，等到逐漸習慣並產生了樂趣，再開始考慮短期投資可能會更好。總而言之，請將短期投資視為長期投資的輔助策略！

長期投資計劃與短期投資的組合＝有規律的計劃加上期投資以降低風險並提高效益。據我所知，像這樣多樣化的策略，在日本或海外都不是經常被提及的作法。

法則 4

記住「夏普比率」

降低風險、提高效益

了解夏普比率，成為世界第一的投資專家

說到投資，人們往往只會將關注點投注在「能賺多少錢」，其實比效益更重要的應該是「夏普比率」。

「夏普比率」也稱作夏普值，指的是在一定的風險下，可獲得多高利潤的指標。換句話說，**夏普比率愈高表示風險波動小效率高，獲利也就愈高愈穩定，可表示為較優質的投資組合**。

即使平均起來年十％的獲利，但比起一下跌二十％、一下漲三十％的大波動，

在華爾街已是常識！了解夏普比率

獲利相同的前提下，比起波動率大的投資商品
波動率小的投資商品「夏普比率」會愈高、效益愈好

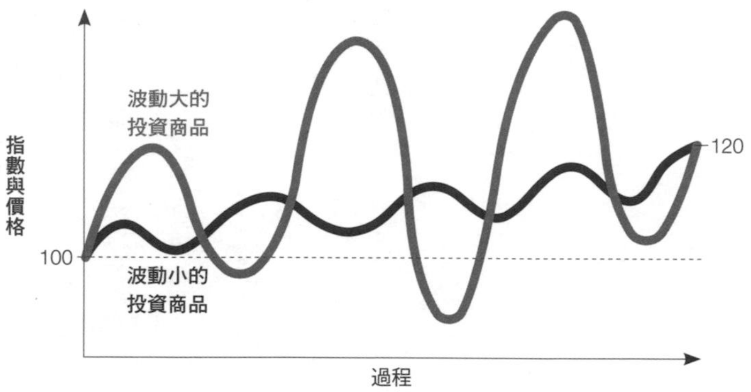

還是穩穩的維持在十％更讓人安心一點。因為這樣，在華爾街夏普比率也開始受到重視。

想要提高夏普比率的話，最重要的是要實現資產的多樣化。也就是說即使股票降值了但債券升值；已開發國家貨幣降值但開發中國家貨幣升值。同時擁有多種不同的資產，互補對沖即可緩和整體價值的波動（＝降低風險）。

而長期投資計劃加上短期投資的

組合，正好可以實現這樣的概念，提高夏普比率。

夏普比率在華爾街雖然已深受重視，但在海外或是日本，大部分的投資散戶卻似乎還沒怎麼意識到它的重要性。所以我想，如果日本在此時就能掌握夏普比率的重要性，相信日本人的理財素養也能登上世界頂級水準了。所以說，「夏普比率」就是這麼的重要！

有關於夏普比率是何概念，將在Chapter 5詳細說明。

法則 5

善用日本人講究規律的特性

以日曆進行記錄、遵守規律、自己與自己交易

亂無章法的投入會迎來重大損失

對於日本人，讓我感到最為欽佩的一點就是「講究規律」。

任職於華爾街的期間、在東南亞旅行的期間，我看過許許多多在投資上大獲成功也見過挫敗而歸的人。我從中學習到的最大收獲就是，想要成為富豪「規律最重要」。這在華爾街也是最受重視的一點。

我在投資避險基金時，曾經遭遇非常重大的損失（參見Chapter 2），當初損失擴大的最大原因，就是因為我沒有將我自己定下的規則貫徹到底。

日本人是很講究規律性的民族。而這種特性也可說是正好具備成為富豪的特

質。大多數的日本人對於投資都抱著一種先入為主的觀念，認為投資很難入門。但那是因為過度缺乏投資教育與經驗的關係，其實我認為每個人在投資上都具備著一定的潛能。

做筆記、守規律

投資所需的規律，是指每人都應訂定一套規則，規定自己如何將投資資金分配至股票、債券、衍生性金融商品等投資標的物或當商品市值達到某一曲線時即可著手出入場。

在投資上跌大跟頭的人，幾乎都是那種毫無秩序的投資客，比方說不好好制定策略、股價一跌就把原本預備要存進銀行的錢拿去投資，沒想到跌得更嚴重還不停追加。這就是制定策略、建立規則並嚴格遵守為何重要的原因。

華爾街雖然有很多頭腦清晰的聰明人，但我也看到許多沒有自己的一套規則、無法獨立思考甚至無法妥善組織自己的行為，最終導致交易出了問題的案例。

即使掌握再多的資訊或擁有多麼豐富的知識，最重要的還是必須要有訂定自己的規則，並且嚴守它的自律性。

訂定出一套規則實則不易，嚴格遵守又更加的困難了。但是打破規則或中途因自身的各種情況擅自更改規則，都會為投資增加失敗的可能性。

在這裡，我建議大家去做的是利用日曆或行程表寫下規則，並在交易過後記下交易過程。

我自己會在行程表上記下長期投資的買入日，短期投資在交易時也會將交易內容記錄下來。

長期投資計劃的部分，我建議可以利用週末、交易所沒有營業的時候下單。如此一來，也能夠更加嚴格地按照自己的規律執行投資計劃而不受到市場動向的影響。短期投資的部分也可以將「為什麼要做這樣的投資、要在什麼樣的情況下進出

有效利用日記，建立規則

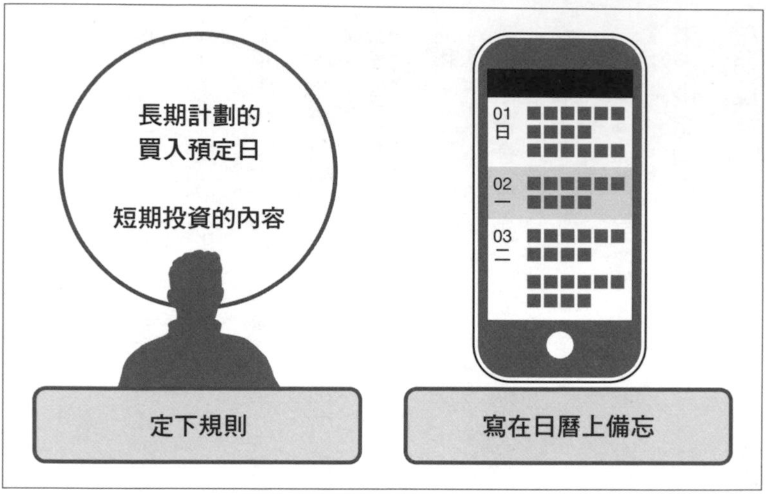

場」寫下來理清楚，好好的將自己的規則建立起來。接著反覆閱讀幫助自己守規律。假設有一天違反寫下來的內容那就表示是在欺騙自己。

格式的話使用手寫的筆記也可以，我的話是使用Google的日曆。非常方便，不僅可以加上顏色做重點提示、還可以當備忘錄提醒自己避免忘記零碎小事，也可以減少健忘造成的失敗還能減輕壓力。在這裡小小跑題一下，我還會寫上「Take a break」的字句，有點像是半強迫式的要求自己停下來休息。如果不這麼做的話我真的會忘了休息，一直動腦思考。

像這種建立規律性的作業在美國文化中其實是有點困難的，是對日本的各位而言，可能會更容易做到。我會養成這樣的習慣也是因為幼年期間在日本長大，而且成長過程中也一直不斷地接受日本文化教育的關係。

法則 6

失敗，不能避開只能跨過去

勇敢挑戰不懼怕失敗，跨過失敗後才能提高投資技能

從小額開始嘗試，逐漸累積經驗值

我來到日本生活之後，強烈感受到的其中一點就是「日本人極為害怕失敗」。我想這也是因為日本人有著任何時候都必須按部就班的高責任心與不願給他人添麻煩的高道德感，因此行事總會有意的避免失敗。但對於投資，我認為這樣的心態必須改變。

我在華爾街時，我的導師曾和我說過「丹，你想成為百萬富翁嗎？」我回答「那是當然的」之後，我的導師說「這樣的話你要懂得駕馭失敗」

「那是什麼意思？」我非常困惑，但我的導師又說了「你必須失敗，然後跨越

它。只有這樣，你才能夠走向成功」

我花了將近十年的功夫，才真正理解這一句話的意義。

投資失敗、也就是投資發生損失時，最重要是要找出其中的原因。是誰犯了錯？還是哪裡做錯了？其實都不是，所以沒有必要低落。投資失敗真的不是任何人的錯誤，而是投資本身原就有失有得。

最重要的是必須去思考在哪個環節做出了錯誤的判斷。了解哪個環節判斷錯誤、並思考該怎麼做才能避免再次發生同樣的錯誤。如此反覆之下，一定會減少失敗的發生，並增加成功的機會。

所以，請務必在自身的判斷下進行投資，若不幸失敗也要找出原因，並跨越失敗。

我也曾在YouTube提出過錯誤的建議，然後被吐嘈、打槍。因此，我想讓各位讀者學會的一點就是「我也會失誤。我所說的任何事是否適當，應該由各位共同思考。如果只是一味的抱怨「都是丹亂說」那您是一定不可能有所進步的。

我聽說日本的雜誌或書籍標題，也不太喜歡用「不會失敗的投資」、「不會失敗的作法」等用詞，但我還是想說「去體驗失敗吧」。因為這才是成功的秘訣。

即使學得再多，還是會有不自己體驗或不經歷失敗便無法體會的地方。因為失敗經常快速提升經驗值。

也許有人會想「錢那麼的重要，怎麼能夠因為錢而摔大跤？」沒錯，所以投資請小額一點一滴的投入。切記，買賣都必須小額，這就是鐵則。

法則 7

豐富並掌控心理能量

金錢只是數字，而非目的

學會調整情緒

在投資行為當中，我認為最重要的其中一點是情緒化（emotion），還有思維方式（mindset）。

無論做再多的功課或收集再多的資訊，如果無法調整自己的思維方式，往往會不自覺地打破自己定好的規則，如此一來，投資一定無法順利進行。因此，**最重要的就是如何在自信與恐懼心（慎重性）之間取得平衡**。

我每天都會去健身房健身，但我健身也不是只為了健康，而是為了調整自己的思維方式。在身體活動靜止時，我的腦海就會不斷的浮現新的想法或靈感，不知不覺的一直在思考。因此當我想讓腦袋休息一下時，就會去健身房運動，讓自己的精神集中一下。

而腦袋下方緊連著的就是身體，且身體的健康也是非常健康的一件事，所以在飲食上我也會特別的注意（例如我最喜歡吃納豆了）。

當然也要避免運動過度。壓力過大時人會變得焦躁，這對工作或投資行為都會帶來負面影響。我也是一樣。而健身對於消解壓力就有很大的效果，除此之外也可以看看非自身專業領域的書籍或多與大自然或動物接觸，這些都是消解壓力的好方法。大腦的狀態也直接關係著人生的精彩程度，因此為了保養大腦，我還會研究應該攝取什麼樣的油脂或如何保持最優質的睡眠。

過度糾結在金錢上，金錢愈不可能增加

我會想在華爾街就業、成立避險基金公司，是因為我想要在競爭中取得勝利、

想要成功、想要更多的機會。對我而言，金錢只是在競爭中取得勝利、成功的指標，所以認真說起來我也不是真的十分重視金錢本身的存在。

對我而言，金錢不過只是一個數字，不需要那麼多也能順利過日子。像我也不會購買非常昂貴的衣服，住處也是，我對高額大廈並沒有多大的興趣，現在住的地方也只是一處距離健身房只需要30秒的普通公寓，像這樣的公寓也已經十分符合我的需求。即使買得起還不錯的車我也絕對不會買，因為這並不是我想要的。

我就是在這樣的教育方式下長大。這一點我也十分感謝自己的成長環境以及我的雙親。

我認為容易因為金錢情緒化的人很難賺得到錢，而能將金錢視為數字冷靜處之的人反而更能夠累積資產。將金錢視為單純的數字，抱著今年比去年增加了一點、今年增加了不少，以這樣以淡泊的態度對待，才能做出冷靜的判斷。

我看過許多億萬富翁（擁有十億以上美元的資產家），他們有些人也穿著跟我們一樣的衣服、座車也是極為普通的類型。對他們而言，錢不是拿來炫耀的、而是用以獲得他人尊敬的。我想不是這樣的人或許也無法成為真正的富豪。

我建議各位閱讀比爾蓋茲（Bill Gates）和華倫巴菲特（Warren Buffett）的書籍。巴菲特是全球最大的投資控股公司持股最多的股東，可說是全球最著名的投資客，但他每天早餐也只花2～10美元，住的房子也只是一般的住宅而非豪宅。FACEBOOK創始人之一兼首席執行長馬克祖克柏（Mark Zuckerberg）還會同款衣服買好幾件替換著穿。

像他們這樣的超級富豪，我想都非常懂得如何掌控自己的心理能量。因為他們的心理能量絕對不會用在吃什麼或穿什麼上，而是會好好貯藏著、好用在其它更加重要的地方。

當然，將生活的重心放在飲食、穿著、車等自己喜歡的事物、重視的事物上也沒有錯。最重要的還是應該控制自己往什麼方向思考或專注於什麼上面。

我也在努力地鍛練自己的心理能量，並試著過上不去在意金錢的生活。希望大家也都能努力讓自己不再因為金錢而情緒化！

法則 8

不被過去的成績束縛也不去預測未來

關鍵不在於美股有多強，而是找出如同美國一樣的潛力國

在獅子戰略中不對未來多加預測

你是不是認為投資就是一種對未來的預測行為，又或者不對未來多加預測就無法存到錢呢？這也是一項嚴重誤解。投資雖然需要不時考慮到先機，但也無需過於憂慮遙遠的未來。

我的獅子戰略，主要說的是長期投資計劃與短期投資間的配合。

我自己在長期投資計劃上，是將股票設定為資產的五成；債券則是兩成，但在一段時間的持續下，因股價上漲等因素，比例可能就會變成股票占資產的七成。像這種情況，我就會開始買入一些可以讓比例縮小的項目，讓比例回到原先定好的

五成及兩成。這在投資上稱作「再平衡」（**rebalance**），指的是將投資組合重新調整，但重要一點還是因應當下的狀況進行調整就好，無需去預測未來比例的走向。

對於投資已經有了一定心得的人，在看到不太好的新聞時，往往都會立刻想到「會不會發生金融風暴？趕緊脫手比較好吧？必須降低風險」等。確實，一旦發生金融風暴，資產可能會大幅縮水，但若以長期的角度看股值回歸還是大有可能的，如果能等的話不如就放著不管，不要深入思考短期的走向。大多數的投資客都認為投資不能不去預測未來的走向，但在華爾街，不僅有不少人都認為沒有必要去預測未來，同時也都認為長期投資計劃就是應該定好規則，規律地實行才是最好的方式。

那麼短期投資呢？相信一定有人認為短期投資還是需要預測未來的吧。這一點會在Chapter 5中詳加說明，但我所認為的短期投資也不是預測未來的走向，而僅僅是抓住上漲或下跌的浪潮、順著浪潮買進賣出即可。這一點股市走勢圖會告訴我們應該怎麼做。而且說到底其實我們也無法真正的去預測未來，像是股價什麼時候要漲、什麼時候要跌都是不可能事先預知的。

不被過去的獲利束縛

在投資累積下來的知識經驗中，我們有時會將過去的效益當作參考來決定一切。但是我希望各位注意的是，即使是效益那也是過去的效益，無法為未來做出任何保證。

例如在美股市場，過去這一百年間平均的成長率大約在七至八%左右，但這個數字終究已是過去的數據。

而過去的數據，誰都無法保證能一直延續到未來。

那麼，我們應該如何看待這個問題呢？那就是將過去的效益，作為分析今後走向的依據。

美股過去一直有七至八%的成長率，所以我們應該投資美股嗎？不，應該是要想為什麼過去的美股能有這麼高的成長率。

美股指數成長率年平均高達七至八％的過去一百年間，也是美國快速成長的一百年。現在則是到了開始發生變化且勉強維持成長的階段。因此，對於一些美國大型股我幾乎是不會去碰的。即使有也只是一些中小型股，尤其像是Apple、Google、Amazon等，我認為不要投入過多。這是因為我認為這幾家企業的成長已經十分飽和了，如果想要追求高成長的話，還是去投資東南亞的幾個開發中國家會更好。只是，投資的目標也不是在於能不能拿出如同美國一樣的七至八％成長效益，而是要判斷能不能像當時的美國一樣有成長的潛力。

總之，必須切記的是過去的效益不能作為未來的保證。

多加關注國際新聞

接下來擁有最佳潛力的前沿股在哪裡？想要看透大局、獲得第一手資訊或擁有最靈通的投資腦，那就是得多看國際新聞。

我每天早上都要看日本、海外等地將近十家的報紙或新聞，但我發現日本的媒體觸及到國外新聞的內容其實很少。新聞幾乎都是日本、中國、美國、韓國為中心，再其它的就很少見了。

我建議可以閱讀《經濟學人》（*The Economist*）及《金融時報》（*Financial Times*）即可了解包含各開發中國家及全球各國的熱門話題。我會對東南亞產生興趣，也是拜閱讀《經濟學人》所賜。**持續地關注國際新聞，世界觀變得更為開闊，也就能看到更多的投資選擇方向**。我會在Youtube解說國際新聞就是因為這個原因。看我的頻道，了解印度是什麼情況、新加坡現在正在發生什麼，各位的腦海中就會自動的產生聯想「新加坡現在可以投資什麼樣的商品？」對於國際間的各種情況也會愈加的熟悉。

雖說在華爾街工作的人們，也不是每個人都會閱讀《經濟學人》之類的雜誌，大部分的人主要還是只關心自己國內的新聞。但是請一定要知道，你的世界愈開闊、投資的世界也會愈寬廣，那麼賺錢的機會也會變得更多元。

只是看海外媒體需要具備英語能力，但是只要觀看我的頻道，相信也能獲得相當的情報。

比新聞更早看見市場

接下來讓我們來說說，觀看國際新聞時的一項切入點。

那就是，在看新聞之前先看看股價。

大部分的人閱讀報紙時都會從頭條開始，電視新聞在播放時也都會先播報當天發生的大小事，市場情報總是放在節目最後。但是，我希望大家在看新聞報導之前，都先查看一下當日股價。

這是因為，先看新聞的話經常會先代入自己的情緒。

查看股價後來看看全球新聞吧！

	彭博社（Bloomberg News）
	CNBC
	華爾街日報（THE WALL STREET JOURNAL）
	CNN
	政客（POLITICO）
	國會山莊報（The Hill）
	福斯新聞頻道（Fox News）
	C-SPAN
	金融時報（Financial Times）
	BBC
	路透社（Reuters）
	經濟學人（The Economist）

比方說，在看到中國的GDP急遽上升的新聞時，你會不會有「股價要漲了吧，來投資中股吧」的想法？或者是有「股價漲了，手中持有的中股可以脫手了」的想法對吧？

腦海中一浮現這種想法就立刻行動的話，很有可能發生失誤。這是因為，**投資客往往都會比新聞更早察覺到股價的變動，等新聞出現時股價往往都已經回穩了，像這種情況在股市中真的一點也不少見**。因此，在看見GDP急遽上升的新聞之前先查看股價，便可以觀察到股價是否有因為這個新聞產生波動，才不會陷入無效的情緒化。

這種細節，我想也是多數華爾街人士都能掌握的小訣竅。

以上就是我學習至今的增加資產的八大法則，也就是我的「獅子戰略」。就我所見，歐美國家應該有不少人都是這麼理解的。還有規律性與心理承受能力等，在華爾街也都是人人皆知的知識但卻少有實踐。因此我希望日本的各位都能理解這些法則並加以實踐。如果都能做到，相信一定能成為高水平的投資人。

Chapter 2即將分享給各位的則是我在華爾街的投資銀行與避險基金公司時、以及私下的模樣。這是我得到現在這套投資心法的過程，希望能幫助各位理解才寫下來的。如果只想知道投資的部分，可以直接看Chapter 3。

Chapter 2
從華爾街到東南亞，再到日本

好勝不服輸的少年走向華爾街

我想要傳達給各位的投資理論，都是我從華爾街累積的經驗所學習到的知識。但我究竟經歷過什麼，這一點也是我想讓大家知道的，我想知道這些經驗也能加深對理論的理解。因此在這裡，我想讓大家了解我是什麼樣的人，又是經歷了些什麼才有今天。

我從小就是一個性格很好勝的人。

高中時，我經常和朋友談論未來要從事什麼樣的工作。大部分的朋友他們的目標都是醫師或律師，然後我們會想像未來可以得到的薪資並互相比較。

某一天，我向我的父親提問「如果想要在二十幾歲時就賺大錢，還有什麼比運動員、音樂家或演員更加有望？」

我父親說「華爾街」。

華爾街遍布著許多全球聞名的投資銀行，只要能在頂尖部門工作，一年甚至可以得到一千萬日圓以上的報酬。好吧！就這麼做，這樣的想法就是我成為投資客的最初一步。

那麼為什麼我會想要賺到更多的錢呢？其實那是非常單純的故事，主因就只是因為我不想輸給朋友。好勝的我將金錢視為成功的象徵，因此也認為只有得到更多的收入才能夠贏得朋友。

在康乃爾大學學到的重點

我高中畢業後就進了康乃爾大學就讀。

華爾街各投資銀行，一般都會優先招聘畢業於常春藤大學（由哈佛、耶魯、賓州、普林斯頓、哥倫比亞、布朗、達特茅斯、康乃爾八所大學組成）的畢業生，在招聘活動中有一個為期三個月的財務分析師夏令營課程，可說是一個可以學習財務分析的機會。

投資銀行頂層的人物會到大學舉辦大型的講座。有的講座是每個人都能參加，但也有一部分是必須經過面試通過才能參加的。

首先先是參加講座、特別優秀的學習再接受面試，面試也通過了就可以被邀請到紐約。到了紐約還需要接受幾場面試，順利通過後才能夠參加財務分析師夏令營課程。

當時大部分的學生對高薪的華爾街金融機構都充滿了憧憬，因此想要參加夏令營還必須先贏得一些競爭。由於以正職人員入職的人幾乎都是有參加夏令營的，因此大家都在拼命地爭取。

我在學當時，康乃爾大學剛好新開設了一個特殊的課程。

那是由有華爾街證券交易實際經驗的講師開設的證券交易練習班。課程中準備了五十台左右的電腦，讓學生們練習如何進行證券交易。

我們學校的課程原先已經有股票和債券的研究課程，但研究證券交易的課就非常地少，在這個課程中主要是利用模擬系統，教我們如何參考那些數據下單。想在華爾街就職的學生少說也有數千人、需求相當龐大，但是課程是固定的，幾天之間的課程可收納的學員也是固定的。我在加入那個課程班也已經是我大學三年級時。

我在模擬系統中的成績非常的平凡，但我看過贏最多的同學後發現，他其實也只是連續的按同一個按鈕而已。

知道這一點後，我也開始在股價下跌時交易並不斷的買入、買入、買入、買入。以機率來看的話，我的名字不是出現在排行榜前幾名就會是後幾名。果不其然，我終於也在排行榜前幾名亮相了幾回。只不過這個成果也不是投資知識換來的，就單純的只是測試機率所得到的結果。

觀察市場情況後按下買入或賣出的按鈕。從模擬體驗學習各種大小事，也是非常好的經驗。

我從以前開始就有研究勝利之人、成功人的習慣。

我會仔細觀察勝利的人、閱讀億萬富翁的出版日籍等，看看擅於從成功中學習的人們，將那些人視為自己的導師或成為他們的徒弟、複製他們的作法。這也是我的策略之一。去了華爾街之後，我也找到了自己的導師，並在他們身邊取得一席之地、好拼命的觀察學習他的作法。

做出必勝的策略

康乃爾大學有一個非常著名的商學院，也稱作詹森ＭＢＡ。這是大學畢業前也可以加入的項目，我在大學三、四年級時也拿到了幾項課程。其中有一個課程是由高盛的合夥人來教我們衍生性金融商品。這個當時在華爾街是一項產生龐大利益的項目，他就是那方面的專家。

康乃爾大學還有我成立的社團。我在大學二年級時成立了一個名為「華爾街社」的社團。

那是我為了面試做人脈拓展而成立的社團，我也為此好好的認識了華爾街、有時還會和社團夥伴一起去華爾街參觀學習。除此之外，我們也經常做面試練習。

我會成立社團也是為了進入華爾街。我那時認為想要打敗其它優秀的學生進入華爾街，必須盡可能地強化自己的優勢。

我們大學裡的學生都是極度優秀的，但是只有腦袋好還是不夠的，因為學校裡還有不少大企業家或政治家第二代。我們班上甚至還有全州或全美頂尖的運動選手、得過大獎的音樂家。這些學生也多是以華爾街為目標，競爭真的非常激烈，想要進入華爾街真的不容易。在康乃爾大學，我想即使是以 Magna Cum Laude（拉丁文，以優秀成績畢業的學生可獲得的稱號）畢業也是不夠的。

我雖然有在踢球，但也完全不是那種全州或全美優勝的程度。學校成績雖然不差但和我差不多程度的同學也不在少數。擁有自身人脈的同學非常地多，而我也沒有那樣的人脈。但只要成立社團，我就能將社團創辦人的經歷寫進履歷表，為自己的履歷留下好印象。我就是抱著這樣的想法成立了華爾街社。

這個作戰最終也成功了，面試時有許多面試官問我「華爾街社是什麼樣的社團？」有時還是帶著笑開口問的。

為了取得最終勝利，我會自己制定策略然後執行，這樣的習慣也是學生時代就開始的。

我在康乃爾大學是以優異成績畢業的，但與其說我就是頭腦好，其實更多的還是我特地往我最擅長的科目鑽研、盡可能的提升我的成績，這也是另一個證明我策略正確的好成果。除了經濟、統計以及市場等不可忽視的科目之外，我會盡可能的避開我不擅長的科目。由於學業成績平均點數（Grade Point Average, GPA）拿不到A就無法進入華爾街，因此我才會想必須努力提升自己的優勢、專攻自己擅長的領域。

專攻自己擅長的領域，也是保持心理健康的一種作法。

當我們做不擅長的事情時，往往會逐漸失去自信、心理感到受傷並陷入挫折。相反地，擁有一項擅長的事情（優勢）並努力地去追求它，反而可以更有效率的過日子。在做不擅長的事時，總會感到競爭變得艱難，所以我認為應該盡早發現自己擅長些什麼、又不擅長些什麼。我希望大家都能在學生時期意識到這一點，但無論到了幾歲，只要能有這樣的發現相信都是好的。

大學時，我還加入由當地大專院校學生組成的兄弟會（Fraternity），這個經歷也是有其意義的。

兄弟會在美國各大專院校已經持續了數百年，那是像傳統的兄弟俱樂部（Boys club）一樣的組織，加入兄弟會的學生們會在一個大屋子裡共同生活。我加入的那一個是一處有著80間房間的大會館，我們之間與以兄弟相稱，會一起學習、也會舉行各種派對。

每週從週一到週四我們幾乎都是非常熱衷的投入在課業中，到了週五至週日才開始大肆玩樂。

想要加入兄弟會，首先必須接受許多超乎想像的「測試」。像是在深夜中接到電話，順著電話的要求出門之後卻立刻被袋子罩住頭，還被架住手臂壓上車，最後被帶著一處農田丟包。丟包人離開時還留下「自己想辦法回來」這就是測試。

在華爾街許多的工作都是團隊性質，人與人之間的關係也多是像兄弟一樣。當中來自兄弟會的人也不在少數，這也是為什麼我會想到加入兄弟會，因為我認為這也是進入華爾街的一大幫助。

我在大學生活時也時常思考，在努力邁向華爾街、或在進入華爾街之後，我會與什麼樣的人競爭。

所以我的大學生活中才會有成立社團、提高成績、加入兄弟會等，為了進入華爾街所進行的各種策略。

入職金融王者摩根士丹利

在得到華爾街金融機構的工作之前，我至少經歷了三次左右的面試。面試內容是非常獨特且讓人感到十足壓力的腦筋急轉彎。例如會有多位面試官問像是「這個房間可以裝得下多少顆高爾夫球」、「今天已經走了幾步了」、「你在至今的人生中，一共吃了多少卡路里了」，還要求「請立刻回答」。

當然，他們想問的也不是正確答案，而是思考如何回應的思考力、邏輯能力。像是這個房間大約有多少座位，每一個座位可以裝下多少顆高爾夫球，以此推算整個房間的容量，他們想看的就是如何導出這個答案的過程。

最終我突破了嚴峻的競爭，終於入職了摩根士丹利銀行。這是我所期望的投資銀行，所以我的目標也可說是順利實現了。

投資銀行是有如日本大型證券公司一樣的金融機構。

入職後一至兩個月是認識公司業務及集中教育訓練，在這裡可以認識來自世界各地的新進職員。一至兩個月之後分配到各個團隊再接著分組訓練。

不適合我的業務工作

入職之初，我的志願是業務部門。

我當時還想如果可以每天穿著西裝，在四季酒店等豪華酒店與客戶用餐應酬、或打高爾夫進行交際的話，那一定會非常愉快。因為我聽過很多類似的經驗，在我的腦海中對於華爾街的想像就是一邊玩樂還能有高薪，一定是非常棒的工作。

但當然，現實是完全相反的。

業務人員的銷售對象主要是投資保險公司、避險基金、養老金的機構投資人。銷售的內容有股票、債券、貨幣、衍生性金融商品等，我負責的是日本及亞洲股。我經常會和負責避險基金的上級見面直接交流，真的是很棒的經驗。

但是，僅僅在一開始的幾週，我便察覺到我其實不適合做業務。

發生在一年之後的雷曼風暴

我進入華爾街之後，大約一年之後也就是二〇〇八年九月。美國的大型投資銀行雷曼兄弟控股公司宣布破產。這就是大家所熟悉的雷曼風暴。

我們這些入職一年的職員，在經過兩個月的員工訓練後也就是二〇〇七年左右，金融市場開始進入緊急狀況，那是因為次級貸款開始崩盤了。

從我家到職場的路上正好會經過貝爾斯登和雷曼兄弟，當時觸目可見的都是新聞台的攝影機。還有失去工作的人們，捧著裝著私人物品的箱子從辦公室走出。那樣的光景，至今都宛如昨日一樣記憶猶新。當時才二十二歲的我還不太能明白究竟發生了什麼，但也意識到這將是一個會被寫入歷史的日子。

在我入職當時紐約道瓊指數（道瓊工業平均指數）還在高點，沒想到沒過多久全球股價就因為雷曼風暴爆跌。說起來，上司還曾經拿這個調侃我說「你來了之後就把股價帶慘了」。

雷曼風暴教會我的東西

在日本，散戶投資人受到了非常大的影響，有一些人幾乎是將所有退休金都投了進去、也有很多人因此更加恐懼投資。

美國人也有很多人受到了大大小小的影響，但後來採取的行動卻和日本有些不同。

我向許多人包括我的美國朋友及他們的家人提問，有在投資的人們確實都受到了影響。但也有一部分的人選擇不出售手中的股票。其中有人跟我說「下跌也只是一時的，未來總會有所改善」

而日本人大多數都在恐慌中脫手了，但在美國卻有不少的人選擇繼續持有。這是為什麼呢？我曾在美國與在日本生長，據我的了解，我想這終究還是因為兩地的歷史與心態還是有根本性的差異。

在美國，投資已經有相當久遠的歷史，大多數的人都能夠都有足夠的經驗及知識認知到，股票等資產只要持續抱在手中總是會升值。所以**大多數人都有的心態都相當穩健，認為只要不慌慌張張的脫手，資產還是會有恢復或增值的一天**。

遺憾的是，日本的GDP已經有將近三十年的時間沒有發生明顯的變動。這是非常特殊的情況，在世界各地也沒有前例。但日本人已經習慣了這種狀態，並在不知不覺間已經養成了不去追求成長的心態。因此我想，也許有不少人已經失去了「跌了總有一天還是能再漲回來」的信心了。

當然，美國的散戶投資人也是有人股價一跌就慌張脫手，但我認為整體而言心態上還是和日本人有明顯的差異。因為美國人相對上看得比較多，比方說華倫巴菲特，相信各位都很熟悉，除此之外還有許多投資致富的名人實例。這在美國也被翻拍成電影或出版成書，也成為街頭巷尾的討論話題。

我想大多數的美國人對於投資，都有應該趁著年輕時便開始投入、還有投資必須耐心等待才能獲得利潤、累積資產的好心態。因為他們都親眼見證了巴菲特是如何通過持續了百年以上的高指數大盤，大賺一筆的實績。

當然，美國人也不是人人都擅於投資，只是我的四周真的有比較多人能有這樣的思維模式。

轉調交易員

回到原本的話題。

雷曼風暴過後，察覺到自己不適合做業務的我，開始考慮轉調至摩根士丹利的交易部門。

華爾街做投資的主要有分為賣方（Sell side）和買方（Buy side）。

賣方指的是像我最初做的業務，做的是提供諮詢、銷售服務及商品的工作。其中分析調查部門是做計畫而銷售部門負責銷售計畫和商品。還有受理客戶下單買賣投資商品的交易部分，以及擔任公司顧問的投資銀行部門。

買方主要則是根據分析調查部門收集到的情報，協助公司企業客戶做資產管理。

於是我下定決心要轉往買方。我考慮到轉移到買方的立場，可以擁有更大的主導權也更有挑戰性，除此之外還能賺到更多的錢、盡早的提高自己的社經地位。

在那個才剛有許多人因雷曼風暴失去工作，身為新人的我居然敢在這種時機提出調動申請，因為這件事我也大受上司及周圍人們的責問，他們都說「你在想什麼？這時候還能有工作做就該滿足了」。

美國、德國與日本名目上的GDP走向

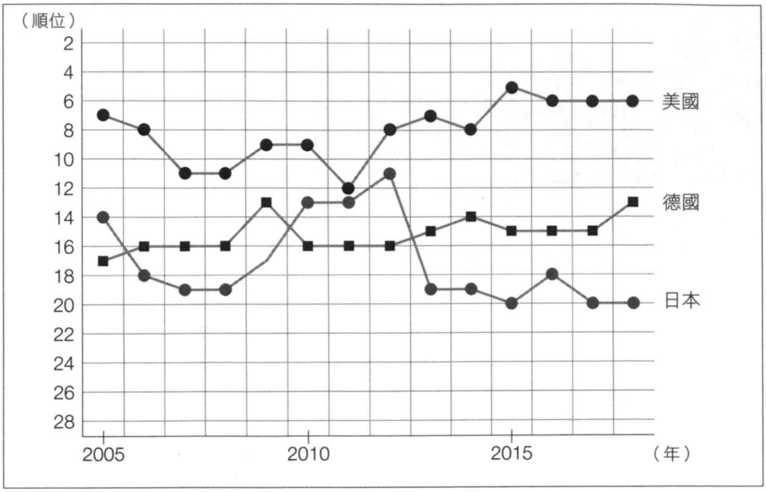

（閣府資料より作成）

但我還是努力了一段時間，只是最終還是體會到想在摩根士丹利內部轉調終究還是有困難的。並非因為我是新人，而是在雷曼風暴的影響下，投資銀行有一些不得不遵守的規則與法令，因此交易部門也被迫縮編了。

因此我選擇離開摩根士丹利，轉往別的金融機構尋找能讓我走向交易部門的門道。

直到某一天，有一篇交易專刊雜誌出了一篇有關三十名頂尖交易員的報導，報導中有一家避險公司同時有三名交易員入榜。

於是我下定決心一定要加入那一家避險基金公司，為此我還打了好幾次電話請求面試機會。

那時的面試經驗也十分特別。

在面試中，我被詢問的最頻繁的一項問題就是「為什麼想加入我們公司」。

當時我聽說這類公司比較喜歡精煉且老實的回答。因此我只答了「我想成為富豪」。我認為這一定是他們想得到的答案。至少就我進入的那家避險基金公司，我感覺到他們想要的不會是那種求職書中寫的模範答案。因為那是個非常需要爆發力、速度及判斷力的職位，肯定不需要那種落落長的說明。

最終面試的面試官是那家避險基金公司的創始人也就是公司負責人。

他是個七十幾歲的人、對我也相當的親切，但他最後居然對我說「你不適合這個行業」。我非常的驚訝，但緊接著我也意識到那才是最關鍵的考試，考的就是我會不會回問「為什麼我不行」。因為我知道如果我沒能問出這個問題的話，也表示我難以在這個競爭激烈的世界中生存下去。

但我最終還是通過了這個有些不懷好意的考試，踏入了避險基金的世界。

沒有經過冒險的人生，也是一道風險

在那個能有工作已非常感激的時機中，我離開了投資銀行加入了避險基金公司。但我認為那是一個非常正確的決斷。

因為在那之後數個月到兩年期間，我看到了許多原先在摩根士丹利的同期夥伴陸續遭到解雇、失去了工作。如果我還繼續坐在那個位置上，或許也是其中之一。

當時，我連一絲絲都沒想過要脫離金融這個行業。我想在華爾街成功的強大意念絲毫沒有任何的動搖，連雷曼風暴我都認為「那是一個非常好的機會」。因為金融危機過後，終究還是能有因投資而成功的機會，像這樣的說法我在很多書上都有看過。

在我開始考慮挑戰轉往避險基金之際，我的父母親認為在那樣的時機還是不要輕舉妄動會更好，我的朋友當中也有人給我相同的建議。若說我沒有一點害怕那也是謊言，但同時我也認為害怕就是錯失機會的源頭。

而且光因為能保有一個工作就感到慶幸不僅不適合做業務，也有可能被解雇。一方面，金融危機過後波動率（Volatility）較大，以策略而言可說是最適合大賺一筆的時候。我應該妥善利用這個機會，因此我才會認為此時不冒這個險，對我的人生而言等於是埋下了最大的風險。

日本人總認為「美國人比自己還要來得積極且富有挑戰精神」，但我認為美國人還是有地區性的差異，比如說東海岸、西海岸、南部等，各地人民的性格都略微不同。我生活長大的波士頓、紐約與其它地區域相比，大概是屬於比較積極的類型。

在華爾街也是，交易員與其它職業相比確實都比較爭強好勝，我也曾被那些交易員說過「你很爭強好勝」（aggressive）。

身為入行一年就在雷曼風暴的那一年離開摩根士丹利的、約只有百分之五的少數人群當中，我確實是屬於比較爭強好勝的，而且可能還是那種有點怪異的。但我也是在縱觀歷史過後，認為這是一個必須把握住的機會，再加上我積極且好勝的性格幫助，才會決心挑戰。而且摩根士丹利有許許多多的天才，我們至今也還有聯絡。假如當時我不採取一些極端的行動，是不可能勝過那些天才的。轉念一想，**找到一個自己能夠取勝的地方，並在那裡奮力戰鬥**，這在人生中也是相當重要的一種念頭。

找到導師、徹底學習

到了避險基金公司開啟新職涯後，我開始找尋導師。

我跑到老闆面前向他詢問「交易部門最賺錢的是哪一位前輩？」，他也提出了好幾名人選給我。我從當中選擇了一名主要做亞洲股及亞洲貨幣的外匯交易員作為我的導師。這是因為，我在摩根士丹利時是負責日本股及亞洲貨幣的，而且我也會說一點日語。

我立刻將我的座位挪到那位前輩的隔壁，經常為他端上咖啡、準備早餐，很積極的請求他收我為徒弟。這就是我的導師策略。

找到一名好的導師，對自己事業及人生的成功可說是相當重要。這一點是我父母親教給我的，他們說「不管去了哪裡，都要找個好老師」。成為他的徒弟，吸收他的所有教導，這也是一個非常優秀的策略。

無論是大學時代、摩根士丹利時代還是這時的避險基金公司時代，我都找到了很棒的導師，我從他們身上真的學到非常多。

在避險基金公司，我吸收了導師的許多知識經驗，也將它們轉化為我自己的能量。

交易部門的樓層現在應該已經可以看到女性了，但當時幾乎都是男性。所以也時常看到拍打電腦螢幕、摔電話機，時不時的會出現一些暴力場面。我也曾被怒吼、甚至被怒砸食物在身上。

那是個瘋狂且壓力巨大的地方，是個連修飾邊幅都可以丟之腦後的世界。我在摩根士丹利還是個每天穿西裝、在意髮型、每天早上都得好好剃除鬍子的人，在那裡卻天天穿著牛仔褲，鬍子也不剃。我想光看到那樣的外表一定無法聯想到那是個可以賺入幾十億巨額的王牌交易員。而且那裡大部分的人都是那種情緒很高漲且充滿競爭意識的。

但即使是如我一樣好勝且意氣揚揚的人，進到避險基金公司還是會有這裡真的沒問題嗎的擔憂及焦慮感。我確實也曾煩惱過……我下定決心加入避險基金公司真的是正確的嗎？

入職後我有一段時間收入是大幅減少的。一開始的幾個月公司雖然有支付底薪，但比起我在摩根士丹利的薪資，幾乎是一半以下。再之後不久，我拿到了象徵可以為客戶提供資產管理服務的交易帳本之後，便無法再領到底薪了。薪資結構改為我可以領到交易利潤中的近一半作為我的報酬，也就是說如果沒有利潤我就無法獲得任何報酬了。

在當時，我所在的避險基金公司幾乎都還能拿到利益的五十%作為報酬，現在同一家公司只能拿到二十至四十%了，其它的基金公司甚至都只能拿到五至二十%左右的報酬。

像這樣的薪資結構，完全就是看實力的世界，我認為就一個層面看來，是非常公平的事。不用再為了考核說好聽的話討好上司或做其它一些充滿意圖的行為，只要靠實力提高數據報酬就會增加。像這樣簡單又明確，真的深得我心。

但表現不好的話就會被解雇、解雇率還相當地高。交易失敗還可能在幾分鐘之前就失去所有資產，我也見過有人因此而崩潰。

當時，我們公司有一位交易員同事，他畢業於哈佛大學、曾經是美式足球全明星隊成員。他的體型比我大出許多、運動實力超群、外型也非常帥氣，好勝的我一直將他視為競爭對象。我們交易部門所在樓層是全開放沒有門牆的，有一天我突然見他發出很大的聲響，接著就流著淚跑了出去。後來才知道他精神崩潰了。

因為常有這樣的事，所以公司還特別設置了心理諮詢處。這就是一個那麼嚴峻的世界。

我的導師也教了我如何控制情緒。

他問我「今天我們發生虧損了，你怎麼看？」。我一表達出負面情緒，他就說「丹，你得成為一個男人」。也就是不管發生什麼都還有機會，不要在乎這麼一次的損失，要堅強起來的意思。

二十五年來成績從未出現過負數的人

我與我的導師共同策劃的交易策略之一是「套利交易」。股票或債券這些商品，會在美國市場或日本市場等多數交易所上市接受下單交易。所以即使是相同的商品，也可能因為市場的不同而產生若干價差，利用這種價差獲得利潤就稱為「套利交易」。

為此我們必須在亞洲、美國、歐洲、中東、開發中國家等各個市場中來回穿梭、進行交易，因此如果將時差也算進去，那真的是非常瘋狂的一段時間。因為穿梭在愈多的市場就會有愈多的機會，所以我們每週幾乎都是從美國時間的星期日下午開始盯場盯到星期五休市之前，幾乎是所有的時間都緊盯著市場動態。再加上報酬完全是取決於投資效益，所以我們每個人都拼命的壓榨睡眠時間。那段時間效益起伏非常大，時有大賺也時有慘賠，我們一起經歷了各種突發情況。

回想起來，在那裡的那段時間可說是我的金融職涯中最珍貴的時光。

在投資上有各式各樣的策略，每一種策略我們都能實際感受到其中可以帶來的價格波動。雖說仍有不小的起伏，但我們在做的套利交易在投資策略中還是相對的穩定。而且以增加交易次數重覆套出小筆小筆的利潤，這樣的手法還是比在一次的買賣賭上大額資金還叫人安心。一般交易次數較少的一般買賣策略，利潤的起伏通常也都是幾倍大的。

我的導師有一位已經有二十五年的經歷，在這二十五年來，他的平均月利潤完全沒有出現過負數。不管這個策略穩不穩定，光是有這樣的成績就是一件十分不容易的事。能近距離的跟著這樣的人學習投資策略，真的非常地幸運。

二十六歲成立避險基金公司

我在最開始那家避險基金公司待了大約三至四年。接著，二十六歲時便與我的導師一起成立了新的避險基金公司。

獨立之後，我們想自己成立基金，也是我那位導師認為這樣可以增加更多報酬的關係。

雖然在原本的避險基金公司工作，還是可以得到利潤的五十%作為報酬，但我們想如果能自己運用，得到六十至七十%都是可期望的。再加上自身資金的話，獲得實質的八十%以上都不無可能。我們認為想要賺錢、增加手中資產的話，還是獨立後效率會變得更高。

年紀輕輕的二十六歲便成立避險基金，我想大概沒什麼前例可言，但如果只有我一個人，相信也無法實現。

美國交易市場收盤時間在下午四點，在那之後我們大家會一起去喝啤酒，五點到五點半左右才開始走上歸途。有一天，我們喝著啤酒時，我的其中一位導師突然說起「我們來做避險基金吧」。當時我就立刻舉起手說「算我一份」，這就是一切的開端。

當時，比我還大上十歲的一位導師他非常的迷惘。因為他有三個小孩，獨立對他而言風險太大了。是我用力地、狠狠的在他背後推了一把他才能下定決心。

想要成立避險基金，必須獲得投資人投注大量運作資金。募資時，必須向投資人提出過去績效（track record），但年紀輕輕的我只有數年的過去績效，也沒有募資的經驗。但我的導師有十年以上的業績也有知名度，也認識了一些資產家。他們還有充足的經驗，可說是我沒有的他們都有了。對我而言，能和這樣的人合作真的非常幸運，我也心想如果我能在二十六歲就實現成立避險基金的願望就真的太不可思議了。抱著這樣的想法我十分積極的推動這個計畫，心想即使是因為自身尊嚴也一定要讓基金順利成立。

當時，是我所在的避險基金公司中的幾個人一起計劃成立新的基金，而我也以「我們幾個很擅長做基金」努力說服我的導師。

接著我的導師他才下定決心，開始以成立新的避險基金為目的，和我一起展開資金的籌募。

募資的問題在於損失風險的大小

去見投資人時，非常積極上進，而且當時有95公斤重、一身肌肉的我被導師要求「閉上嘴！」。

在募資的面談中，我們被問到我們會採取什麼樣的交易策略運作基金，這時最重要的是我們的過去積效。比方說像是會怎麼做套利交易、當中有什麼好處、效益可以達到何種程度。過去發生最大的損失是什麼時候及損失程度、以及最終如何挽救等問題。

像這樣的提問中，**投資人最在意的是損失風險有多大**。資產能增加多少固然重要，但失去的風險有多大才是最重要的關鍵。

我的合夥人非常擅長穩定的交易方式，而我是相對熱衷於集中短線的方式。因此我想他大概是想「讓這傢伙開口太危險了」才會制止我吧。

我和導師合夥人在創業之前一起負責的避險基金，在資金的運作上還沒有任何一個月份出現過負數。這在整個華爾街都是非常少見的情況，相信對投資人而言也是非常有力的一劑強心針。我們並不是天才，我們所採用的這個「套利交易」，也是因為前人嘔心瀝血留下的、非常穩定、且有效的心血。回報的利潤可能會有幾個月比較小，但每個月也都是正數。詳細我會在後面細述，只要控制好成本就能每個月有效的產出利潤，也就是前面說過的「高夏普比率的運作方式」，這是資產增值的一大要素。

能夠順利完成募資，表示我們的策略成功、被接受了。也就是說「每月都必須是正數」這就是我們的策略。如果沒有強力策略及強力的過往積效，我們一定無法募集到資金，因此想要獲得募資，除了獲得實績認可、後續看好外也別無他法。總而言之，最重要的還是降低風險、以穩定的利潤一點一滴累積。接著就是必須建立規律、然後徹底執行。

最後募資成功，我們的避險基金終於成立。

當時的我還只是個二十六歲的年輕人，所以身邊的人大家一聽說我成立了基金都非常驚訝。好多人給充滿祝福的對我說「真厲害，祝你好運」。

我的導師也將我視為自己的左右手。

他的經驗相當豐富，是個非常厲害的交易員，但他沒有我的積極。這一點大概是我唯一能夠勝過他的優點吧。我是個好勝心非常強的人，像他一說「我要投資」我就會說「那我投兩倍」。然後我們會就此深入討論，再找出最好的交易方式。

事實上，也是因為有我在背後不斷的加油打氣，我們的利潤才能愈做愈好。我想也是因為這層關係，我這個合夥人的身份才能得到認同。

基金順利成立時，我就到投資銀行開戶，匯入資金。

只要在投資銀行開戶、交易就能拿到內部的調查分析文件，為了這些文件，我開始努力的在前五名到前七名的投資銀行開戶。只是當時我們的資金太小，能拿下的投資銀行真的太小了。我還記得有的投資銀行對還我們表示投資額太少不敢興趣。在那樣的環境，要保持不屈不撓，真的需要非常強大的心理承受能力。

最後在努力不懈的溝通交涉之後，我終於在高盛、摩根士丹利、摩根大通等前幾名的投資銀行順利開戶，每天閱讀他們的調查分析文件。這一點也多虧有導師，如果只有我一個人鐵定無法順利做到。

持續一年半的超優運作

基金開始運作之後，投資人紛紛來到辦公室盯場子，也就是來監視自己的資金如何運作於交易市場。

我們的投資策略是套利交易。我們也利用了演算法，逐漸創造出利得。

基金運作開始一年半左右，我們已經創造出大額利潤。收益率在第一年有將近三十五％，我們以此做宣傳，第二年果然募集到更多的資金。

十分鐘損失七億的原因

但我們也曾有過非常大額的損失，那是非常痛的一段經歷。我想我有好幾個月的時間是非常沮喪的。

因為基金運作非常順利的關係，我在二十六至二十七歲時，可運用資產已經達到相當可觀的數額。

雖然效益較差時公司內的控管也會更嚴格，但是當時我處於可自由交易的狀態，因此公司對我並沒有強勢的風險控管。

那是在二十八歲那一年的二月左右，月底時我在美國市場交易日經平均指數期貨。

那一天，我在美國市場以比日本市場低二％左右的收盤價格買入了日經平均指數期貨。我的演算法告訴我比收盤價低二％是錯誤的，實際是一・七％左右。因此我從美股收市的前兩個小時也就是下午兩點就開始進行交易。零・三％雖然是非常小的差值，但一旦交易額有幾十億日圓，還是能得到非常龐大的利潤。因此我就投入了大額的資金。

我們的投資策略就是在美國以低價買入、轉向價值略高的日本市場脫手、賺取價差作為利潤。一般的規則就是日本一開市就脫手。但是那一天亞洲市場出乎意料的價值愈降愈低，而我也沒有遵守自己定下的規則。

我不僅沒有脫手，還愈買愈多。

明明是應該在上漲的瞬間就賣出，沒想到市場價格卻在幾分鐘時間內愈跌愈低。但即使價差已經有二・五％甚至四％我還是不停的買入。

當時基金的風險控管師也打了電話提醒我，但我仍然充耳不聞。那個時點下，損失已經高達三至四億日圓。

當時也沒發生什麼突發事件，市場價值卻如此激烈暴跌。只是我現在已經記不清是什麼原因了。

損失達到五億時，我的導師終於給我電話。

我被他怒罵「你到底在做什麼，到此為止吧！」

直到那時，我才終於決定停損。

那是七億日圓的損失。

就在我二十六歲成立基金後的兩年，我二十八歲時，在十分鐘內損失了如此龐大的七億日圓。

當然損失七億基金還不至於破產，但因為我還投入了自己的資產，所以也承擔了劇烈的打擊。

現在回想起來，我就是因為過往的成功過度自信了。陷入了以為自己真的是神的錯覺。人生如浪潮一般有高有低，而我也同樣會有起有伏。

因為過度自信、自信到連自己定下的規則也視而不見，現在回想起來，雞皮疙瘩真的爬滿了全身。

為了早日扳回一城，在那之後，我大約有一整個星期每天都減少了大約兩個小時的時間進行交易。我一直在找賺回損失的機會，我真的不想認輸。

但怎麼努力都不見起色，我就這樣低落沮喪了好幾個月，最終也失去了自信心。

但即使如此，我仍然沒有厭惡起金錢的世界、更沒有想過自此脫離。

大多數的富豪都有幾次大爆炸的經驗。損失七億日圓時，我才二十八歲，還非常的年輕。我也開導自己，這個世界上也有許多人二十八歲才從頭開始、最終也賺到一千億的。沒關係，我身上還有許多優勢。

在那之後，雖然花了一點時間，但我最終還是將七億賺了回來。

開始步上東南亞之旅

在成立基金後的第三年，我的人生新舞台拉開了序幕。那就是與東南亞的相遇。

我每週都會閱讀《經濟學人》與《金融時報》等經濟雜誌。這幾本雜誌每一本都不時的會做東南亞特集。特集中經常附上各式各樣的數據，告訴我們繼中國以後印度及東南亞將是下一個高度成長的國家。

我想應該要去一次東南亞看看。有了這個想法時，我正好聽說有一位朋友要去菲律賓。那是一位年紀比我稍長有房地產投資經驗、是朋友也是我的導師的一位前輩。不願錯過任何一次機會的我，立刻決定跟他一起前往菲律賓。

對我而言，這是第一次的東南亞之旅，而且也是我第一次前往開發中國家。這一點令我相當興奮，我感覺我的世界終於打開了另一境地。

已經習慣已開發國家的我，對於菲律賓還在開發中的房地產原先是感到安心的。但後來才意識到這道安心其實是一種誤解。當時的房地產因為大量供給、價格已經飛漲到當地居民都買不起的狀態。買得起的只有當地的富豪階層或來自新加坡、香港或台灣的投資客。我那位朋友是在紐約長大的義大利裔美國人，是一位個性相當積極的人。他迅速選好了房地產目標、交涉價格，但最終因為詢問者過高還是一個合約都沒能簽下來。

雖然最終是這樣的結果，但我們仍然在菲律賓看了夜景、接觸了當地文化，也認識了各式各樣的當地人。東南亞之旅對我而言還是一個非常好的經驗。

東南亞非常令人印象深刻，那種高度成長率以及整體氛圍所散發出的能量，是我在美國、日本、歐洲都沒有感受到的。大樓愈蓋愈密集、一般活期存款的利率有時還能達到五%，那種能量感真的非常驚人。不僅如此，東南亞的經濟正以耀眼的速度飛快成長、日常生活花費便宜、食物美味、人民也很親切。紐約的冬天是氣溫零度以下的嚴寒，但東南亞的氣候卻相當宜人、猶如天堂一般。

我真的被深深的吸引，幾乎是到「這裡太棒了，我在美國究竟都是在做些什麼啊」的狀態。於是我決定要在東南亞設立據點，也決定將來要在東南亞繼續經營避險基金、並以該地為據點往返東南亞各地。

後來，我向朋友強烈建議「我們應該搬家到東南亞」，並將據點設在新加坡。而我的朋友也被我說服，他已經結婚了，因此他的太太也跟我們一起移住新加坡。

首先我們以新加坡為地點，先是走訪了馬來西亞。馬來西亞的市中心也相當方便，與新加坡可說是相差無幾，房價大約只有新加坡的三分之一，這一點令我相當驚訝。

在馬來西亞及雅加達首次接觸到穆斯林文化時，那時的感動我至今仍印象深刻。穆斯林每天都有固定的禮拜程序，我認為那是一種非常美麗的規律性。

在越南我還遇見一位英語流利、在法國長大的越南人。他是房地產專家，一直到現在我們仍是關係良好的朋友。他賣掉了在法國創業的科技公司之後，來到越南成立房地產公司。因為知道了越南的成長率，認為越南的發展空間一定優於巴黎，於是帶著家人一起移民越南。他們住在寬敞的大廈裡，過著有司機、廚師、保母的頂級人生。

我接受了他的建議，與我的朋友在越南買了兩套公寓以供出租。那是位於高樓大廈的三房一廳與兩房一廳的新建公寓。我搬遷到東南亞是在三十歲時，購買越南的房子則是在三十二歲時。

另外有個插曲，在越南一開始要將錢匯入銀行時我非常緊張。因為聽過曾有外國人被騙，因此我還雇了律師；銀行的人要我帶著換算成日圓有將近三千萬的現金到銀行報到，所以我還雇了保鑣。沒想到抵達銀行後，一看前來迎接的人是個身材比我還矮小的人才終於鬆了一口氣。

在扣除一切費用後，投資房地產實質利率大約有八%，可說是非常高水準的，但後來因為看到太多陸續不間斷的大樓建設工程，我擔心會發生供給過剩的問題，因此一年後就將公寓賣掉了。脫手當時雖然價格與買入時相同，但幾年後房價果然下跌了許多。

我認識的朋友當中，有一些人在投資房地產是利用大額借款，結果因為房價下跌而背上巨額債務。所以我認為無論擁有多少財產，如果投資上毫無規則，終於一天也會導致破產。這一點絕不可忘記。

遇見形形色色的人們，在投資上也得到啟發

我在東南亞也嘗試找尋商機。當時金融科技是倍受矚目的，東南亞也有許多時

價總額在一億日圓以下的金融科技公司，因此我想只要投資一千萬日圓左右大概就能得到很高的收益率。特別是像胡志明市、雅加達、新加坡等城市的新創產業商機相當地龐大，他們的政府也對新創產業非常友善。

我前後還去了香港、台灣、中國、印度等國家，我人生中走訪過的國家大約有六十餘國。但我實際有租房居住的地方也只有新加坡、印尼、越南、馬來西亞這四個城市，還有菲律賓也生活了將近一個月。

在旅行地我遇見了許多人，我也都會跟他們聊些商業上的話題。比方說參加同一個旅行團的夥伴中有一些大富豪。我會拿我在波士頓及紐約長大經歷找話題和他們交談或開開玩笑、一起喝個啤酒等，盡可能地與各式各樣的人交流。其實只要一開口就能明白是不是有受過教育、或對商業了不了解。我也會說我來自華爾街，然後聊聊彼此好奇的話題，大約像這樣的感覺。有時也會從中找到可以投資的商機、或得到一些新的啟發。

我出國旅行最頻繁時，大約是在三十到三十四歲之間。我不會找高級飯店反而會利用Airbnb這類民間旅宿平台。因為大型飯店很難找到人交流，但像Airbnb不僅可以與出租者交流或向對方多請教一些當地的事物，反而更加有趣。雖然有時還是會找到令人害怕到想轉身逃跑的恐怖旅宿，但比起現代感的飯店，我還是會選擇可以和當地人交流的環境。

再說我原本也不是會大肆花錢的人，我也從小就在這樣的觀念中長大。我的父母不是金融界人士，我有很長的時間投注在學業中，也有搬家、轉職的經驗。雖然在學習、挑戰及我最愛的旅行投注了大量的精神與金錢，但我的生活其實還是相當樸實的。所以我也不需要住什麼大房子或高級的飯店，甚至可以說只要給我床和市場觀察用的網路，要我在野外挑戰極境生存都沒問題。我曾在印尼的雨林中過夜，但因為危險性頗高，所以我還找了保鑣陪同。

在華爾街時，我雖然很有競爭意識但也不會去租用飯店。這一點可能很不像想像中的華爾街人士，但其實我大多數的朋友也都和我有一樣的價值觀。

離開華爾街的決心

在東南亞旅行時，有好幾個月的時間我都是以導師的立場遠距下達指示或分享想法，也會在美國的交易時間以實時搖控進行交易，我還是一直持續著避險基金的事業。我一整天既利用亞洲時間看房地產、也利用美國時間盯市場，雖然旅行很充實，但對體力而言著實是個巨大負擔。

或許我這麼說有些過於傲慢了，但在資產運作的世界中我在某個程度下也是個優秀的人士吧。但是現在資產運作已被演算法滲透，尤其是我們這種做套利交易的人材，已經失去了許多交易上的優勢。

從在康乃爾大學的時候、到後來避險基金的世界，我都清楚明白光靠知識是無法占據勝利寶座的。因為清楚知道光靠知識無法取勝，所以在康乃爾大學時我成立了華爾街社團、積極拿下我擅長的課程學分。在雷曼風暴之後、眾人都不敢輕舉妄動之際，我也毅然決然的從賣方立場轉移到買方。

來到避險基金的世界也是，因為避險基金波動率高，因此我立刻意識到我所擅長的套利交易正好能夠派上用場、讓賺錢變得容易，而且我也因此認識了好幾位很優秀的導師。

因為演算法使得套利交易的競爭變得更加激烈。在演算法之下，可以排除掉任何個人情緒以統計學找出投資機會，這使得套利交易變得更加高效率。避險基金的排名，每年排前在前位的大多是利用演算法運算，接下來才是利用機器交易的，大多數的情況幾乎可說都是這種模式。

基金的數量大約從三十年前開始大量增加，現在全世界已有超過一萬支以上的基金。但基金的競爭非常激烈，如果不是天才幾乎難得賺取極端高額的利潤。雖然我也不認為避險基金的世界已經走到窮途末路了，但如果想要再更進一步真的困難重重。因此，我開始想是時候離開了。

我看了許多投資相關的書籍，**已經成為大富豪的投資客共通的一點都是，投資成長性高的標的物**。

比如說華倫巴菲特，他所投資的美國可不是現在大家看見的，他從五六十年前就開始投資美國。雖然當時的美國也算不上發展中國家，但那正是美國高度成長的時刻，他正好就是因為從那時開始投資，才獲得如此龐大的利潤。

企業或國家都有一套成長的循環模式。從日出邁向日正當中（高度成長期），再緩緩走向日落。我想我在東南亞旅行時，看到的就是日出時刻。再回想我在華爾街所做的一切，居然會讓我感覺到像是看到金融世界的日落時刻。

成立避險基金之初，我原本是想將基金投在有名的投資公司。但是避險基金的世界太過競爭了，再加上也沒趕上那個基金最盛的時代。所以我才想華爾街真的已經開始走向日落，而東南亞是相反的在日出最盛的時刻。

取得勝利的最佳時機，就是要在競爭對手最少的時候加入戰場。

我雖然也不是在富裕的家庭中長大，但在康乃爾大學或華爾街也見過許多良家子弟。到了東南亞還見過極端貧窮的人們，我想我的世界觀也因此開闊了許多。也許我這樣的說法有些過於狂妄，但我也常想「我所生長的世界已經不再急速成長。現今看似貧窮的人們，或許都是未來立足於世界頂端的大富豪，所以在此時我應將自身置於此處」

只要想到過去我因避險基金投資失敗焦躁的那個時刻，這個世界的另一端有人還在操心明天有沒有下一餐、或家人生了病也得操心醫療費在哪裡，我內心便深受衝擊，我想這才是現實中的世界，而我在這裡看到拼了命也想活著的人們。

第一次到馬尼拉時與之後三個月、六個月再訪，大樓的數量變得更多、景色也發生莫大的變化。但紐約與日本的景色在同樣的時期卻是一成不變的。雙眼實際見證這城市光景的更替，我真的深深為之觸動、也因此感受到真正的成長。

接下來全世界的優勢就在東南亞。在那裡還沒多少來自常春藤大學的避險基金人材，而且成長率非常之高。有了這個意識我也體會到，不要拘泥於現今所在的位置，必須更進一步、更進一步、更進一步，改變自身所在的環境。這就是我的策略。

我下定決心辭去避險基金公司的職位。我賣掉了所持股份，離開了華爾街。

終於邁向日本！

二〇一五年秋天我走訪了東南亞，還在好幾個國家租房，一邊冒險一邊旅行。原本是場尋找投資機會的旅程，但在不知不覺中，我也找到了自己的生存價值。

我的人生中去過許許多多的國家，每到一個地方我都很積極的嘗試當地飲食，也會走訪有名的觀光地或歷史博物館。東南亞之旅我也遇見了各種形形色色的人們、了解他們的歷史、接觸他們的文化，這也讓我的思想產生劇烈的變化。我身邊的人也都說我改變了很多。

與各地的人們交流時，我都會自我介紹「我在日本及美國長大，做的是投資工作」，大多數的人聽了都會和我聊聊他們對美國及日本的印象。一說到美國，大多都是稱讚的。但一說到日本，多數的人都是「日本人很親切」、「食物非常美味」、「聽說日本人口正在減少是真的嗎？」、「日本的土地價格很便宜是真的嗎？」等等。

這些反應讓我察覺到「海外人士對日本的未來充滿了擔憂」。

從我十二歲開始參與投資之後，我就只為了增加自己的資產而活。我一直認為金錢的量，就是我在競爭中取得勝利的證據。這一點在某個程度上來說，我已經實現它了。但是，我仍感覺這些都無法滿足我的內心……。

從歷史線上來看，資產家不知有幾千萬人。但世界中的所有人，對這些所謂的資產家可說是毫無記憶，他們對社會也從未帶來什麼影響。所以我想，成為資產家究竟有何意義呢？與其成為大富豪，還是成為一個可以為社會帶來影響的人，生命才更有意義吧？

我在美國擁有令人稱羨的經驗，在那裡也有深愛的家人及多位朋友。但是，有時在前往日本在飛機內聽到「歡迎來到日本」的廣播時，我都會有些起雞皮疙瘩的感覺。我後來想，那是我應該歸返的日本，如果我回到日本生活，是不是就能為我心中的那個不滿足，找到正確的答案？

為此，我決定把我的時間當作投資，嘗試到日本定居。

二〇一九年秋天，我終於來到了東京。

踏上這塊土地，兒時那些回憶全都鮮明的回來了。日本的朋友、飲食、音樂、語言，全都讓我有戀愛了的感覺。

我為了學習有關日本的一切並擴展與日本人之間、與社會之間的聯繫，我開始使用社交媒體。不久之後，新冠病毒肆虐全球，在行動也受到限制的期間，我開始專注於日本狀況的分析與社交平台的經營。

開始經營社交平台之後，我發現了日本很多的問題。

比方說，在新冠疫情中，無論是紓困金的支付或經濟政策，都遠遠落後於其他的已開發國家。很多例子都是美國、歐洲發表新的金融政策之後，日本才跟在後面發表相似的政策。全世界各地包含開發中國家都已經在發展線上教學系統了，日本的教學系統卻還追不上這波趨勢也是讓我相當驚訝的一點。

三十年前，日本每年的國內生產毛額（GDP）是全球第二名，現在卻遠在三十名開外。實際薪資成長率也有將近二十五年，持續著幾近於零的低變化。但人口減少率卻是已開發國家中最高；股市指數及土地平均價格也無恢復到一九九零年代的高峰。這種情況在已開發國家當中，僅有日本如此。就連政府的外債GDP比例，在全球一百九十五個國家當中也是最高水準。

看到這樣的數據，我忍不住感到焦急。心想，我的國家究竟怎麼了？我心中甚至還曾想過，我決定回到日本的決定真的是正確的嗎？

但是，我很快就重振了心態並認定，我回到日本一定是正確的。

因為我的YouTube頻道留言區收到了好幾萬人留下的「謝謝」充滿感謝的話語。

我每天分享規避股市的危險狀態的方法、有關金融的教學、日本媒體不會報導的全球新聞、讓日本的未來變得更強的想法……對於這些分享內容，也各自發揮了部分影響力，我還收到了評論告訴我因為我的建議改變了他的人生。

與從未見過面的人產生這樣的聯繫，是我第一次的經驗。

我去過許多地方，與各式各樣的人們相遇，經歷過成功也體驗過失敗，感受過幸福也嘗過絕望的滋味。即使從頭銜上看來我好像是個相當成功的人士，但也時常

日本與全球實際薪資比較圖（假設一九七零年為100）

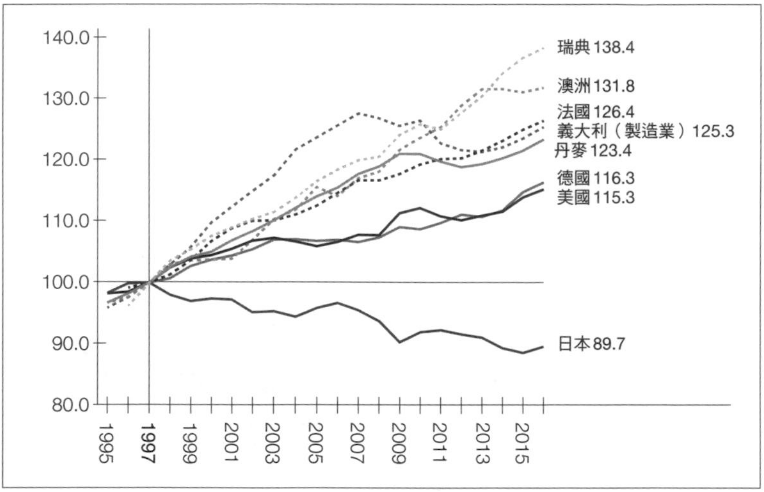

（日本勞動組合總聯合會根據 oecd.stat 數據制成。日本數據來自每月勤勞調查）

感到焦慮不安、對於人生也沒有滿足感。我感覺到我好像只能考慮自己與家人的幸福，對於家人或極親近的朋友之外，其它的人好像都是競爭對手。以前我的母親曾經教導過我「比起自己應該更為他人」，但我卻無法理解這樣的想法。

但是，我想在日本找回自己生命中的價值。

我的中間名是「圭」，這是我的母親賦與我的名字。是兩個土疊在一起形成的文字。當初取名似乎是期望我能成為聯繫國與國之間的高聳橋樑。所以我的使命與生存價值，就是好好運用我在全世界各地學習到一切，將之回饋給日本吧。我想以我這個好勝的能量與頑固且不服輸的性格付諸行動的話，一定可以為日本做到些什麼。我說的為日本做到些什麼也不僅限於現在活著的人們，也是為了未來將活躍與這個世界的孩子們。所以我想成為一個只善用我自身的經驗而非資產家的立場，幫助人群、為社會帶來影響力的人。

我能做到的其中之一，就是將日本人民的金融素養提升至世界頂尖的水準。因為這些知識不僅能夠增加人生的選擇權，也能為老年生活建立更強健的安心感、也能讓年輕人更有追逐夢想的精力。

首先我希望各位能先拋去投資是風險的想法，並意識到不投資才是真正的風險。

為此，我會將我所了解的一切都分享給大家。

Chapter 3

獅子戰略①

了解成為億萬富翁所需要的資產

所需的資產分為三種類別

首先，我們要討論實施獅子戰略所需的資產（產品、投資對象），這些資產無論是對於長期定期定額，還是對於短期投資都有關聯。

資產總共分為

A／主要期待獲得高績效所進行的投資

B／主要為了穩定投資組合的價格波動所進行的投資

C／與A和B的價格走勢不同，為了提高和穩定整體績效所進行的投資

這三種類別，讓我們來看看每一種類別分別有哪些特點，還有投資時需要注意的地方，以及一些具體的產品吧！

【類別A】

■股票

所謂的股票，是由公司發行的股份，當你持有股票的時候，就代表著你是那間公司的股東。股票又分為兩種類型，一種是在交易所上市的公開股票（Public Stock，上市股票），另一種是沒有上市的私人股票（Private Stock，非上市股票）。

所需的資產分為三種類別

A ▶ **主要期待獲得高績效所進行的投資**
股票、公司債券、貨幣、房地產

B ▶ **主要為了穩定投資組合的價格波動所進行的投資**
政府債券、現金

C ▶ **與A和B的價格走勢不同，為了提高和穩定整體績效所進行的投資**
大宗商品、比特幣、其他

如果想要投資股票的話，除了投資個股以外，還有購買ETF（Exchange Traded Fund，上市投資信託）和指數型基金（投資信託）之類的方式。

所謂的指數型基金，是一種與特定股價指數的價格起伏連動的基金。比如說有道瓊工業平均指數（Dow Jones Industrial Average, DJIA）、東證股價指數（TOPIX）等許多股價指數，如果對應的指數上升，指數型基金的價格就會上漲，如果指數下滑的話，指數投信的價格也會下跌。

ETF也與此類似，就是一種購買指數的概念。與指數投信不同的地方在於，ETF有在股票市場上市，可以像股票一樣即時進行交易。

雖然根據種類不一樣會有所差異，不過大部分的指數投信按照證券公司不同大概從一百日圓左右就可以開始投入，ETF則是從幾千日圓左右就能夠開始投入，所以你可以每個月一點一滴地進行投資。

海外ETF是最理想的選擇

ETF有分為國內ETF和海外ETF。國內ETF在日本國內發行，並且在國內的股票市場上市；海外ETF則是在海外發行，並且在海外的股票市場上市。

有一些國內ETF也有投資海外的股票，所以可以透過國內ETF輕鬆投資海外的股票。

然而，在種類上壓倒性多樣的，還是海外ETF。只要利用海外ETF，就可以針對國內ETF所沒有的世界各地的任何國家、任何資產進行投資。

另外，如果是在美國的股票市場上市的ETF，就是用美元，如果是在香港的股票市場上市的ETF，就是用港幣，可以運用當地的貨幣進行交易。換句話說，透過投資海外ETF，你還可以達成貨幣的多元化。

有一些日本國內的證券公司也會提供海外ETF（以當地貨幣進行交易），你可以直接利用這些證券公司，不過可交易的標的會有所受限。如果你想要投資更多元化的ETF，就需要在海外的證券公司開設一個帳戶。因為語言障礙的關係，你可能會覺得在海外的證券公司開設帳戶難度很高，不過目前有些海外帳戶也有支援日文，所以我會推薦你可以考慮在未來開設一個帳戶。

至於投資信託的話，根據證券公司的不同，可以用低於ETF的金額進行投資。許多金融機構都可以定期定額買進，但是種類就不像ETF那麼豐富。

另外，因為投資信託大部分都是以日圓計價，所以就沒辦法達成貨幣分散，這也是為什麼我的策略會是優先考慮ETF。

個股怎麼樣呢

有些人可能會想要投資個股，不過我的看法是，如果要長期定期定額投資的話，ETF和投資信託會比較適合。

這是因為**ETF和投資信託比較容易達到分散投資的效果**。

舉例來說，如果是和已開發國家的股價指數連動的ETF，只要買進一檔ETF，就相當於投資了各個已開發國家的股票市場，和投資單一個股比起來，可以達到分散投資的效果。

有些人會建議可以投資自己喜歡的產品的製造商，或者在新技術出現的時候投資相關的企業，另外我還聽過在日本有人是以股東優待*為目的買進股票的。

* 譯注：一種日本股票市場特有的制度，只要股東購買上市企業的股票達到一定的額度，該企業就會贈送公司的商品或禮券，以感謝股東對公司的支持。

我認為，這些方式都伴隨著感性投資的風險。喜歡公司的產品、喜歡公司的理念、可以免費獲得什麼東西，這些雖然都具有一定的邏輯，但是以投資來講，我認為理由有點太過單薄了。

雖然這只是我的見解，不過如果只是因為「喜歡」這個理由就進行投資，我覺得好像比較接近賭博。

除此之外，如果買進個股並且占據整體投資組合的一定規模，就有把雞蛋放在同一個籃子裡的風險，如此一來也會削弱分散投資的效果。我們需要注意的是，不可以讓後面提到的夏普比率有所下降。

我應該持有日本股票嗎

當我們談到股票的時候，有些人會認為持有自己國家的股票比較好，以日本讀者的情況來說，就是日本股票。從我的觀點來說，確實最好能夠持有一點，不過我認為不需要投資太多。

我希望各位日本讀者意識到的一點是，就算你不持有日本股票，你也會受到日本經濟的影響。如果日本經濟有所成長，你就會得到正面的好處，比如說薪水會有所增加，反之亦然。換句話說，自己國家的經濟本來就會對你的人生有深遠的影響，所以沒有必要特意把投資組合的一大部分都放在日本股票上。

《具體的標的案例》

讓我們來看一些投資股票的ETF。

【SPY】是一檔以美元計價的海外ETF，與美國股票的股票指數標準普爾500指數（Standard & Poor's 500, S&P 500）連動。

【VEA】是一檔以美元計價的海外ETF，廣泛分散投資除了美國股票以外各個已開發國家的股票。負責管理的先鋒領航投資集團（Vanguard）是指數管理的老字號公司，管理了許多低成本的ETF和指數型基金，也是我很喜歡的一間管理公司，我還有讀過創辦人約翰・柏格（John C. Bogle）*的著作。

【VWO】是一檔以美元計價的ETF，廣泛分散投資開發中國家的股票。只要投資【SPY】、【VEA】和【VWO】，你就可以獲得和投資世界各地的股票相同的效果。

【1306】是一檔日本國內ETF，與TOPIX（東證股價指數）連動。就像我前面提到的一樣，最好能夠投資一點自己國家的股票，但是我認為比例不需要太高。

---

* 譯註：《約翰柏格投資常識》（2019/01/21，寰宇）。

SPY圖表

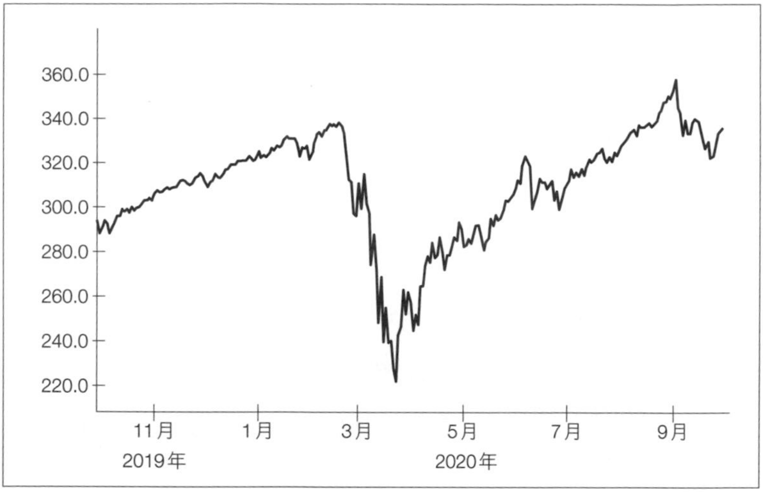

（由 Trading View 提供）

VEA圖表

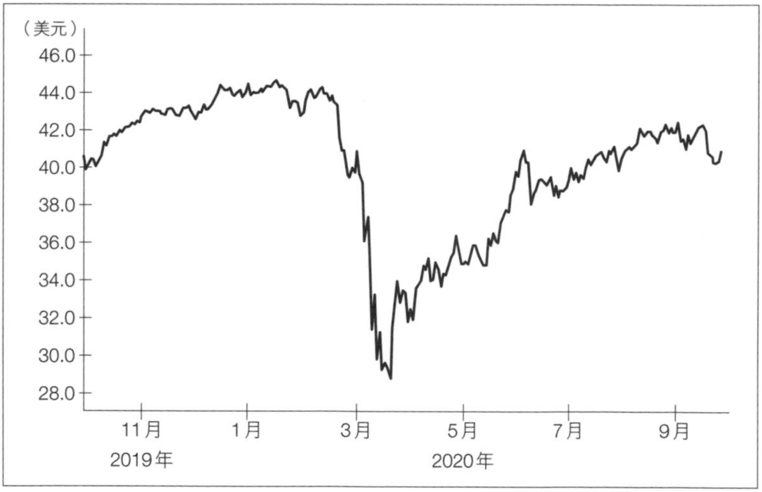

（由 Trading View 提供）

VWO圖表

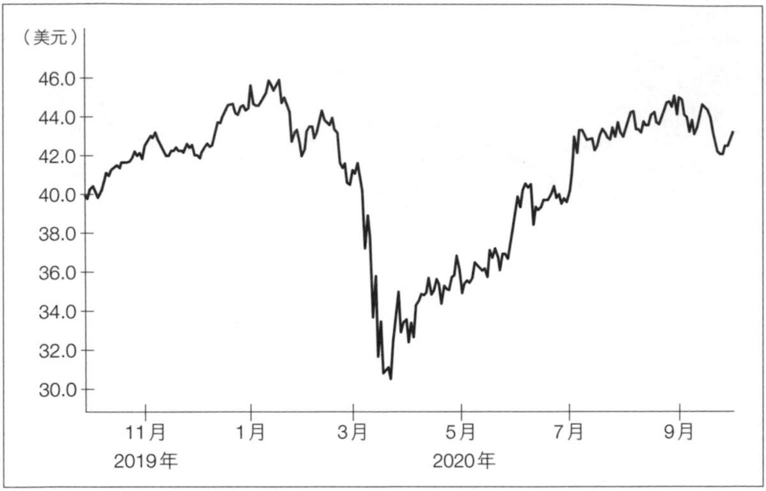

（由 Trading View 提供）

1306（TOPIX ETF）圖表

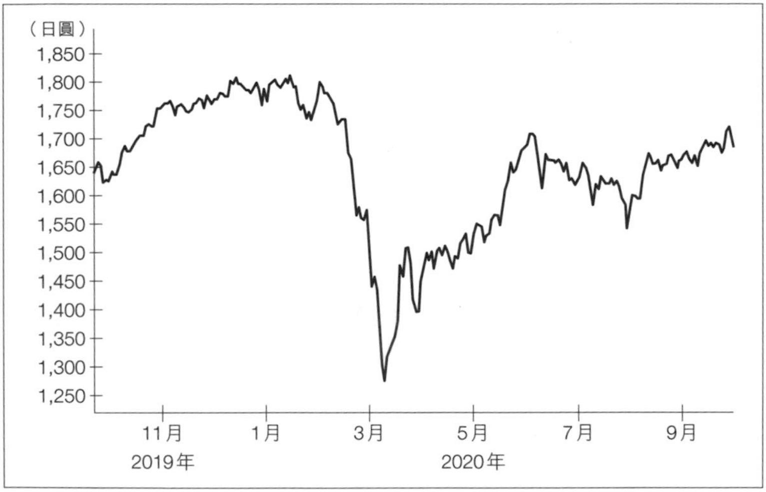

（由 Trading View 提供）

【2800】是一檔以港幣計價的海外ETF，投資的是香港股票。香港股票和中國的股票具有高度相關，以我的認知來說，香港股票就等於中國股票。

有些人會認為，他們想要投資自己喜歡的國家或公司，不想要投資自己不喜歡的國家或公司。但是喜好是喜好，投資是投資，應該要分開來思考。就我的看法來說，考慮到中國的經濟成長率，投資香港股票也是一個選擇。當然，你也可以有不同的想法。

【SX5S】是一檔以英鎊計價的ETF，投資的是歐洲股票。

【SPY】、【VEA】和【VWO】以美元計價，【2800】以港幣計價，【SX5S】則是以英鎊計價，只要持有這些ETF，無論是區域還是貨幣，都可以達到高度分散投資的效果，可以說是一組為了分散投資所必備的基本標的。

2800（香港ETF）圖表

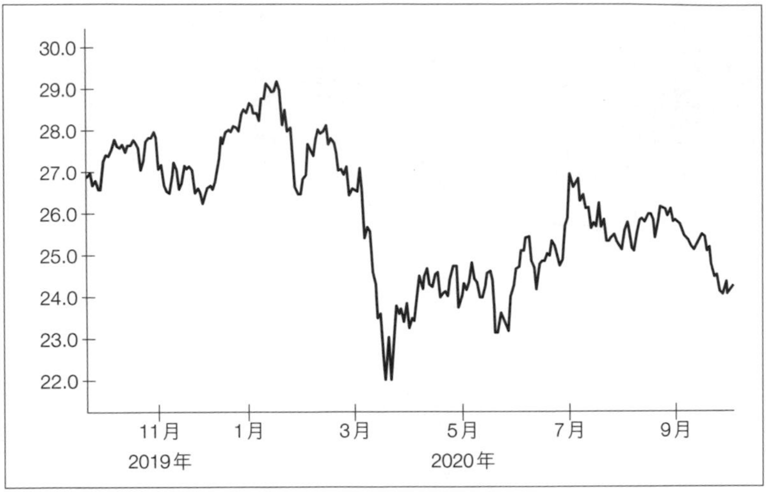

（由 Trading View 提供）

SX5S（歐洲股票ETF）圖表

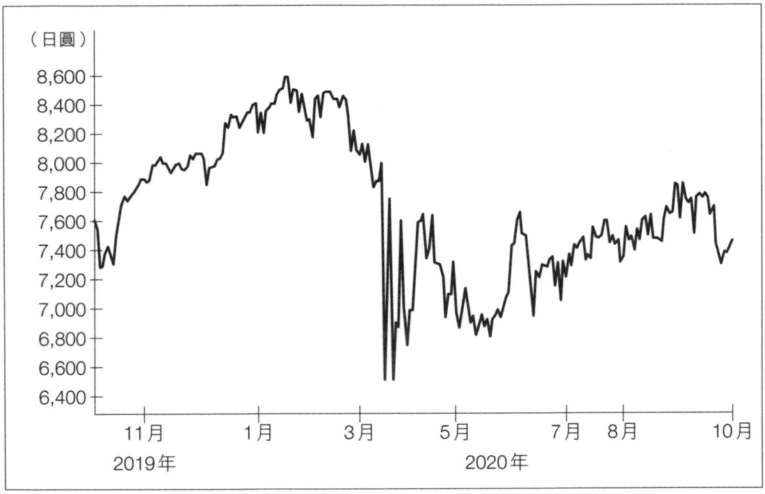

（由 Trading View 提供）

在日本國內的一部分網路證券中，【SPY】、【VEA】、【VWO】、【2800】也可以作為海外ETF進行交易。

■公司債券

企業發行之債券，有利息和還本的功能

投資股票就像是成為一間企業的所有者，債券則像是把錢借給發行者（國家、地區或企業等等）。國家債券是把錢借給國家，公司債券（Corporate Bonds）則是把錢借給公司。

就像你把錢借出去的時候會拿到息票（利息）一樣，在持有債券的期間，你會獲得固定的息票，當債券到期（還本期限）的時候，就可以拿回面額的數目。

如果發行者倒閉或破產，按照正式的流程來說，拿回金錢的優先順序是債券持

有人，再來才是股東。這是非常重要的一點，因為跟股票比起來，債券雖然比較難以讓資金大幅增長，但是一般來說也具有比股票更高的安全性。

債券的價格與它的殖利率走勢會呈現相反的方向。

當你買進X公司的公司債券時，你就是在借錢給X公司，如果你買進了十萬日圓新的公司債券，利息是八千日圓，殖利率就是百分之八。

債券會在市場上交易，價格也會有所波動，但是息票是不會發生變化的，假設以十萬日圓發行的公司債券的價格上漲到了十五萬日圓，八千日圓÷十五萬日圓就等於百分之四十九。換句話說，殖利率就取決於你花了多少錢買進。

如果價格上漲，殖利率就會下降；如果價格下跌，殖利率就會上升。有許多人都會對此感到困惑，所以請各位記住，債券的價格和它的殖利率走勢會呈現相反的方向，以及債券的價格會受到利率的影響。

還有一個風險是，如果發行者的財務體質惡化，息票的支付和償還就有可能會有所推遲，甚至無法被履行。公司債券的安全性因發行者而異，安全性高的債券被稱為「投資等級債券」，安全性低的債券被稱為「非投資等級債券」、「高收益債券」等等。

《具體的標的案例》

【HYG】是一檔投資美國公司債券的ETF。從世界範圍來看，美國的公司債券具有較高的殖利率，市值也比較大。

■貨幣

如果想要達成貨幣分散，還有FX（外匯交易）之類的方法，但是FX是一種經常利用信用交易資金槓桿的金融工具，所以會更適合短期投資的策略，而不是長期投資。使用海外ETF長期分散投資各式各樣的貨幣，相信這樣會是比較好的做法，只要持有以美元計價、以英鎊計價之類的海外ETF，就可以達到貨幣多元化的效果。

把自己的房子當作資產

自己的房子是不動產，也是一種資產，如果你擁有自己的房子、正在考慮要買房子、或者老家有一天會變成你自己的，我認為你就可以想成自己正在投資，或者接下來會投資不動產。要是你不會被轉調到其他地方，而且有一份明確的人生規劃的話，那麼最好可以盡快買一棟自己的房子。

雖然我還沒有確定自己想要住在哪裡，但是如果我預計在某個地方住上五～十年以上的話，我就會買一棟自己的房子。我認為這是一項很棒的投資，因為在居住的同時，還可以自己進行管理。

雖然日本有很多地區的地價已經開始下跌了，不過我認為，除了東京的市中心以外，只要那個地區便利性夠高，人口看起來還會持續增加，即使不在首都圈內，也會是購買的好選擇。**自己的房子是資產的一部分，只要有買家、有租客，或者手上的不動產處於價格不會下跌的狀態，就算持有的金融資產價值下降，作為一項維持價值的實質資產，它也可以帶來分散投資的效果**。

有一種投資不動產的方式是購買住宅或辦公室來出租，不過這會需要很高的金額，雖然也可以透過貸款來購買，但是要挑選物件可不是一件簡單的事情。

雖然我前面提到了我在東南亞入手出租用物件的故事，不過我第一次購買的，其實是美國的不動產。

在雷曼兄弟事件發生的時候，我的上司們都正在買進國家債券和地方債券（地方自治團體所發行的債券）之類的債券，有些債券的殖利率甚至接近百分之十，是非常具有吸引力的數字。

我在轉職到第一家避險基金公司的時候，曾經遇到有一個人建議我：「透過交易來獲得績效固然重要，但是如果只有這樣的話，就會累積壓力，所以你最好也要進行一些可以帶來被動收入的投資，而不動產就是其中一個選擇。」

因此，我在康乃狄克州的一間很大的大學旁邊，買了一棟附有庭園的獨棟房屋，它有五間臥室，我把它們租給了大學生。因為有很高的需求，所以我在幾年之內就獲得了百分之十二左右的實際收益率，後來在價格上漲到大約百分之五十的時候，我就把它賣掉。在大家都認為不動產很危險的時期，我採取了相反的策略，最終帶來了很高的獲利。

【類別B】

■國債

國債（Government Bonds）指的是由國家發行的債券，其基本結構和公司債券是一樣的。在過去的十二年裡，中央銀行一直在透過量化寬鬆等措施來大量購買國債，這導致它的殖利率處於極低的水準。

尤其是日本的中央銀行（日銀）的國債購買佔國家的GDP比例最高，相較於美國和英國都不到GDP的百分之四十，而日本卻達到了GDP的百分之百以上。保險公司和年金基金也在買進處於極低水準的債券。

我會建議定期定額投資美國國債和歐洲國債，尤其一般認為**美國國債往往會和股票的價格走勢相反**。當人們擔心景氣衰退的時候，就會傾向於買進比股票更有安全感的美國國債，因為人們拋售股票，所以股票價格就會下跌，而因為人們買進美國國債，所以國債價格就會呈現上漲的趨勢。多元化對於投資而言是很重要的，這就是為什麼我們除了投資股票之外，還需要搭配美國國債進行投資。

已開發國家的國債和新興國家的國債比起來，前者的安全性比較高，不過相對來講殖利率也會比較低。因為殖利率和安全性根據國家不同會有所差異，所以原則上分散投資美國或歐洲等等會是比較好的選擇，這也有助於帶來美元、歐元、日圓等貨幣多元化的效果。不過我認為，以現狀而言，日本和歐洲的國債殖利率比較低，吸引力也比較小，所以應該優先考慮美國國債。

開發中國家也會發行債券，其中有一些債券的殖利率還高於已開發國家，但是也具有安全性比較低的缺點。安全性低就代表存在著利息支付和償還遭到延遲的風險，不適合發揮保護資產的功能。

除此之外，償還的期限也會根據債券種類而有所不同，而安全性和息票的水準也會按照期限的長短而有所變化，所以在理想狀態下，償還期限最好也能夠達成多元化。

《具體的標的案例》

雖然也可以直接購買美國國債，不過只要利用投資美國國債的ETF，就可以讓投資標的更加多元化。

根據債券的期限不同，美國國債的ETF也分成好幾種類型。

【TIP】投資的是剩餘期限（直到償還為止的時間）較短的美國國債，【BND】的剩餘期限是在一～三十年左右，【TLT】投資的則是二十年、三十年期的債券。

債券的殖利率會根據其發行時間和剩餘時間（直到償還為止的時間）而有所不同，透過投資這樣的ETF，也可以帶來期限多元化的效果。

■現金

你可以把現金放在銀行裡當作活期存款等等，或者像我一樣放在證券帳戶裡。如果放在證券帳戶裡，你就可以隨時進行ETF之類的投資。

【類別C】

■大宗商品

大宗商品包含能源（Energy）、金屬（Metals）、貴金屬（Precious Metals）和農產品（Agriculture）等各式各樣的類型，這些都是我們在日常生活中會使用到的實體資產。

一般來說，**大宗商品的價格通常是由需求和供給來決定的**。

由於生產的難度等因素，貴金屬的價格常常會受到供給的影響。

小麥和大豆等農產品的供給也會因為天候和產量而有所波動。

隨著時代的演變，能源的主力商品可能會有所變化，再加上現在還有ESG（環境、社會和公司治理）的影響，是一個比較難以預測長期價格的領域。

■黃金

黃金是一項適合放在長期投資組合裡的資產。

每當發生像世界大戰、新型冠狀病毒疫情之類導致股票市場崩盤的重大事件時，黃金的價格就會上升。這是因為經濟和社會的不穩定，使得許多人想要持有黃金這種具有普遍價值的實體資產。我認為對於你的孩子或孫子的未來而言，黃金會是最好的保險。

黃金的價格與貨幣供給量（在世界上流通的貨幣總量）密切相關。

在新型冠狀病毒疫情的影響下，為了支撐大規模的經濟政策和援助，各國政府爆發性地增加貨幣供應量，造成黃金的價格也連帶跟著上漲。

除此之外，貨幣供應量增加也會出現在各式各樣的時間點，比如說在美國的總統選舉前推出大規模經濟政策或金融政策的時候。從歷史上來看，只要貨幣供應量增加，黃金的價格往往就會上漲。

我打算繼續定期定額買進黃金當作投資，直到手上長期投資持有的黃金商品達到五千美元，不過我認為也有很高的機率會到一萬美元。

我會推薦以二十年、三十年為單位來長期持有黃金，你可以不需要看價格，只要每個月定期定額少量買進就可以了。

YouTube影片參考

【金を買うチャンス⁉: GOLD: a Chance to Buy Now!?】（中文：買進黃金的大好時機⁉）

https://YouTube/wT-R1M9XvDw

【金が答えだ⁉: Gold is the Answer ?】（中文：黃金就是答案！？）

https://YouTube/7FOCsJzbRYc

《具體的標的案例》

雖然你也可以直接購買實體的黃金、白銀或白金，不過還有一些與各自的價格連動的ＥＴＦ，如果是ＥＴＦ的話，就能夠小額、輕鬆、低成本地進行投資。

投資黃金的ＥＴＦ選項有以美元計價的【ＧＬＤ】、【ＩＡＵ】，還有以日圓計價的【1326】。

另外雖然風險比較高，投資【GDX】之類的礦場股票也是一種做法。我認為你可以先從ETF開始，接著再涉足商品等等，像這樣分散投資也是一個不錯的點子。

■白銀

白銀是一項很棒的資產，無論是要長期定期定額，還是短期投資都很適合。

白銀的供給量比黃金還多，價格也是黃金的七十分之一左右（二〇二〇年十月目前）。

黃金的需求大部分都是用於投資，而白銀的需求大約是其百分之二十左右。

白銀和黃金往往會和黃金有所連動，我們需要注意的是「黃金白銀比率」（Gold-Silver Ratio），它呈現的數字代表著黃金的價格是白銀價格的幾倍。雖然

黃金白銀比率

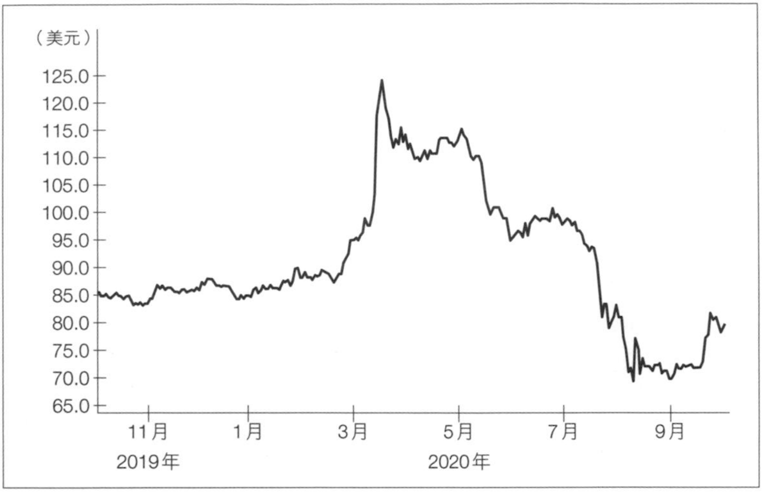

（由 Trading View 提供）

說從歷史上來看很少超過八十倍以上，但是在新冠病毒疫情爆發的時候就超過了八十倍，甚至還一度達到了九十倍以上，這是因為白銀的價格跟黃金比起來大幅下跌的緣故。

在這樣的情況下，短期投資白銀的策略固然也是可行的，不過比較好的選擇似乎還是長期定期定額持續少量買進，並且持有個五～三十年。

如果你的投資方式是購買實體的銀幣或銀條，就可以減少在意價格波動的壓力，但是也會需要相對應的資金，所以最輕鬆的方法依然會是持續買進ETF。

《具體的標的案例》

投資白銀的ETF的選項分別有以美元計價的【SLV】和以日圓計價的【1542】。

■白金

白金也很值得考慮納入長期定期定額組合的一部分。

國外有一些熟悉白金的投資人，會把白金和黃金的比例當作參考來進行交易。只要觀察過去三十五年的圖表，就會發現黃金和白金的比例在大部分的時間裡都是一比一左右。但是後來白金的比例逐漸下跌，在新冠病毒疫情爆發之前，大約是黃金一比白金〇．六五左右，而在新冠病毒疫情爆發之後，白金的比例又跌到更低了。就我的觀點而言，以長遠來看，有很高的可能性會回到一比一左右。

我認為只要長期定期定額持續買進，就會是一項很棒的投資。

《具體的標的案例》

投資白金的ETF的選項分別有以美元計價的【PPLT】和以日圓計價的【1541】。

■其他大宗商品

《具體的標的案例》

有一檔以美元計價的標的【DBB】，投資的是鋅、鉛、銅之類的金屬，我認為你也可以把它少量放在長期投資組合裡。

另外也有一些與能源相關的ETF，比如說以美元計價的【USO】就是原油的ETF，這我自己也曾經投資過，還有過以十八塊美元買進並以三十塊賣出之類的短期投資經驗。

YouTube影片參考

【原油価格もっと上がる!?　Oil Price Going Higher?】（中文：原油價格將會進一步上漲!?）

https://YouTube/-0va8FyAE5Q

以美元計價的【UNG】是一檔天然氣的ETF，因為波動性比較高，所以如果要投資的話，小額交易似乎會比較好。

如果是投資小麥、玉米、大豆、砂糖等農產品的ETF的話，則有一檔以美元計價的【DBA】。

■比特幣

比特幣被稱作是數位黃金。

比特幣圖表

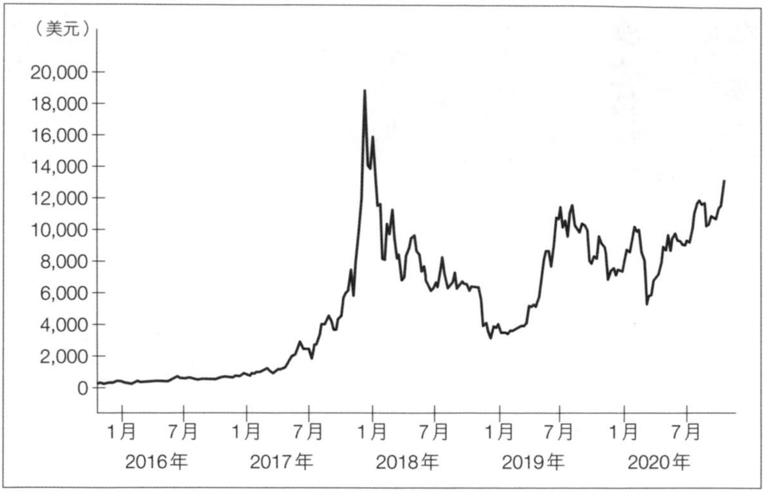

（由 Trading View 提供）

從二〇一三年開始，我也有稍微投資了一些。

比特幣是由區塊鏈制度的計算機程式所創造的虛擬貨幣。

無論是股票、債券，還是不動產，都是由人類創造出來的東西，但是區塊鏈是在網路上被創造出來的。每一個區塊都記錄著某個人買進或賣出比特幣的歷史，然後和下一個區塊進行串連，串連起來的區塊被稱為區塊鏈，而創造新的區塊，並且將它串連起來的動作，就叫做挖礦。

像這種使用區塊鏈的貨幣就叫做加密貨幣（虛擬貨幣），而其中一種就是比特幣。

因為比特幣的供給量是固定的，所以當需求增加的時候，價格就可能會上漲。由於使用了先進的技術等原因，讓比特幣吸引了很多的關注，價格也一度大幅上漲，我認識好幾個人都在波動率很大、關注度高漲的時期因為積極投資而導致破產。儘管如此，以我的想法來說，還是**可以少量持有當作分散投資的一環**，我推薦的方式是長期定期定額少量買進。

除了比特幣以外，還有各種類型的虛擬貨幣。因為發行量比較小的貨幣隨時都有可能會破產，所以我認為最好把目標放在泰達幣、以太幣、瑞波幣等市值前幾名的貨幣。

如果要投資比特幣之類的虛擬貨幣，我推薦的方式是建立數位錢包（網路上的錢包，像戶頭一樣的東西）直接購買。處理這些業務的主要是虛擬貨幣交易所，只要買進比特幣，它就會進到你的數位錢包裡。

還有一種產品是投資比特幣的加密貨幣CDF，雖然可以在證券公司進行交易，但是因為需要花費很高的成本，所以我認為直接購買會是比較好的做法。

投資的責任要自行承擔

我在前面列出了一些值得向各位讀者推薦的標的。

當然，你不一定要全部都買，這點請你按照自己的判斷來決定。

雖然我希望各位盡量分散投資，不過管理起來也會很辛苦。如果你想要一點一滴慢慢累積的話，也可以長期定期定額分散投資在任何一檔股票的ETF、現金或【TLT】，以及【GLD】這三種類型，如此一來，相信就算你只有少量的資金，也可以開始投資。

各位也可以尋找一些自己感興趣的產品，不要只滿足於我推薦的標的。

舉例來說，只要買進新加坡股票的ＥＴＦ，就可以分散投資在新加坡的股票和新加坡幣上，如果買進巴西股票的ＥＴＦ，也能夠分散投資在巴西黑奧。透過這些方式，就可以擴大你的選項，所以我才會說，最好能夠開設一個海外帳戶。

我希望各位都可以找到一條屬於自己的道路。

ETF的標的案例

股票・公司債券	SPY	SPDR S&P 500 ETF
	VEA	Vanguard FTSE成熟市場ETF
	VWO	Vanguard FTSE新興市場ETF
	1306	NEXT FUNDS TOPIX連動型ETF
	2800	盈富基金ETF
	SX5S	景順EURO STOXX 50
	HYG	iShares iBoxx高收益公司債券 ETF
債券	TIP	iShares TIPS ETF
	BND	Vanguard總體債券市場ETF
	TLT	iShares 20年期以上美國公債ETF
大宗商品	GLD	SPDR黃金ETF
	1326	SPDR黃金 ETF（以日圓計價）
	IAU	iShares黃金信託ETF
	GDX	VanEck Vectors黃金礦業ETF
	SLV	iShares白銀信託ETF
	1542	純銀ETF（以日圓計價）
	PPLT	Aberdeen Standard實體白金ETF
	1541	純白金ETF（以日圓計價）
	PALL	Aberdeen Standard實體鈀價ETF
	DBB	Invesco德銀基本金屬ETF
	USO	United States石油ETF
	UNG	United States天然氣ETF
	DBA	Invesco德銀農業ETF

Chapter 4

獅子戰略②
基礎就在於老老實實的長期定期定額

長期定期定額就是基礎

我這套獅子戰略的主要支柱是以長期定期定額為基礎，再結合短期投資來提高夏普比率，藉此達到提升績效的目標。

長期定期定額投資的目的是為了退休後的資金、買房子或者在其他需要一大筆金額的時候籌措資金，所以只有在你需要錢的時候，才能夠賣掉長期定期定額投資所累積的資產。

首先，讓我們來看看長期定期定額可以帶來哪些效果。

以美國股票指數為例，在過去大約一百年之內，每年平均有百分之七～八左右的成長率。

到達一千萬日圓每個月所需要的投資金額（日圓）

		年					
		5	10	15	20	25	30
年利率（%）	3	154,700	71,600	44,100	30,500	22,400	17,200
	4	150,800	67,900	40,600	27,300	19,500	14,400
	5	147,500	64,800	37,800	24,600	17,100	12,000
	6	143,900	61,500	34,900	22,100	14,800	10,000
	7	140,500	58,500	32,100	19,700	12,800	8,200
	8	137,100	55,500	29,600	17,600	11,000	6,700
	9	133,800	52,700	27,300	15,700	9,500	5,500
	10	130,600	50,000	25,100	13,900	8,100	4,400
	11	127,500	47,500	23,100	12,400	6,900	3,600
	12	124,500	45,100	21,200	11,000	5,900	2,900

（由GRANDTAG FINANCIAL CONSULTANCY STRAITS TIMES GRAPHICS提供，以一美元兌換一百日圓來計算）

如果你每個月定期定額投資一萬日圓，年利率算百分之六的話，三十年就能夠擁有一千萬日圓左右的資產；如果你每個月定期定額投資五萬五千日圓，年利率算百分之八的話，就可以在十年之內到達一千萬日圓。這就是定期定額投資所能夠帶來的效果。

定期定額投資的優勢在於，可以帶來投資時間點多元化的效果。

選擇正確的投資時機並不容易，不過如果是長期定期定額的話，就沒有這個必要了，因為重要的不是在於時間點，而是在於每個月持續買進。

【投資金額】

把薪水分成三個部分，決定運用在投資上的金額

讓我們來看看長期定期定額的具體計畫吧。

首先，將你的每個月的薪水（或者收入）分成三個部分。

第一部分是房租或房屋貸款之類的居住費用，第二部分是伙食費、水電瓦斯費、教育費用和醫療費用之類的生活費，以及其他交際費等花在娛樂上的開銷，接著第三部分就是運用在投資上的資金。我會建議你每個月的薪水在扣掉第一部分和

把薪水的一部分拿來投資

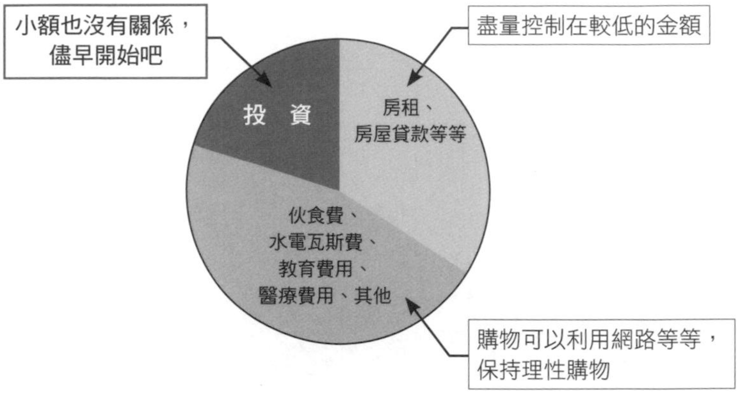
小額也沒有關係，
儘早開始吧
盡量控制在較低的金額
投資
房租、
房屋貸款等等
伙食費、
水電瓦斯費、
教育費用、
醫療費用、其他
購物可以利用網路等等，
保持理性購物

第二部分的費用之後，把剩餘金額的七～九成運用在長期定期定額投資上，三～一成運用在短期投資上。

能夠運用在長期定期定額投資的金額，取決於你花了多少錢在居住費用和生活費上。

居住費用會根據便利性而有所差異，如果離車站很遠，也具有可以當成運動之類的優點。你要認知到一件事，那就是只要住在房租便宜一萬日圓的地方，就會多出一萬日圓可以拿來投資。

在生活費方面，我認為應該還有可以改進的空間，比如說只要利用網路購物避免不

道瓊工業平均指數

（由 macrotrends 提供）

必要的購買，就可以省下金錢和時間等等。

你要記住，運用在投資上的金額愈高，開始得愈早，複利效果就愈大，也比較容易累積資產。

把現金和存款也視為投資

你可能會產生一個疑問，難道都不需要儲蓄嗎？

把錢存進銀行裡以備不時之需，比如說因為生病而收入銳減，或者有一大筆支出的時候，然後再把其他的錢運用在投資上，這些對於各位來說可能是常識，但是我的觀念有點不太一樣。

我的觀念有一個特點，那就是在投資的錢裡面也包含了「現金」（存款）。

正如我在Chapter1裡提到的，現金和存款不一定稱得上是安全的資產，持有現金或存款可以說是你對於不會發生通貨膨脹的投資。所以就這層意義上而言，我會把**「現金」（存款）也視為一種長期定期定額的投資**。

我的想法是，如果你的收入銳減或急需用錢，只要從投資的錢裡面拿一點出來應對就可以了。存款的變現能力很高，而且不需要挑選時間點，所以如果你覺得有必要，可以放多一點錢在「現金」（存款）上。另外我認為，如果你有一些想要安全地預留起來的資金，比如說未來幾年需要用到的教育費用，也可以把它放到存款裡。

存款要放多少錢，取決於你的年齡、家庭狀況和健康狀態等等。你要做的只是調整比例，千萬不要有「我想要讓小孩去留學，還要準備一筆錢在父母親生病的時候可以用，所以沒辦法進行投資」的想法。

正如我前面說過很多次的一樣，「投資不是風險，不投資才是風險」。

同樣地，存款也是有風險的。如果是股票之類的，因為價格在下跌，所以非常顯而易見，但是以通貨膨脹風險來說，明明實際的價值在下降，帳面上的金額卻不會減少，就很難看到風險，甚至可以說是看不見的風險。換句話說，無論是現金、存款、股票以及債券等等，所有的資金、所有的金融商品都是投資，也都有各自的風險。而且因為每個價格波動的成因各不相同，所以分散投資非常重要。

「存款比較安全，投資有風險」，我希望各位都可以擺脫這樣的心態。

如果拿到獎金或一大筆資金，也要按照時機來分配

獎金也是一樣的，在扣掉房屋貸款和娛樂費等開銷後剩下來的錢，就可以放在長期定期定額的投資上，或者也可以視情況運用在短期投資上。

如果你拿到一大筆資金，把它全部放進了戶頭裡，我會建議你不要把它一口氣投資在股票上，而是分成好幾次進行定期定額的投資。在進行投資決策的時候，最好不要一下子就投入全部的資金，盡可能分批小額投入會比較好。

【類別區分】投資組合分為三種類別

當你決定好投資金額以後，就可以把其中的百分之七十～九十運用在長期定期定額的投資上，剩下的百分之三十～十當作短期投資的資金。

我在Chapter 5會針對短期投資進行講解，如果你是投資新手，或者沒辦法在投資上花費太多時間的人，只有長期定期定額也是ＯＫ的。

就像我在Chapter 3講的一樣，如圖所示，長期定期定額的投資可分為三種類別，讓我們在此稍微整理一下吧。

首先A是股票、公司債券和不動產。地區分成已開發國家和開發中國家兩種，貨幣則分為以美元計價、以日圓計價，還有以其他貨幣計價（以英鎊計價等等）。

然後B是國債、現金和定存。

接著C裡面有黃金、白銀、白金或其他的大宗商品，以及比特幣。

只要經濟有所成長，A的績效就會上升，如果經濟成長衰退的話，就很容易下滑。從長期來看，世界經濟上升的頻率通常會比下降還高，而投資A的目的之一，就是要提升績效。

投資B的目的是為了安全性，而不是為了績效，我認為它是值得持有的優秀資產，可以達成與A的平衡。

所需的資產分為三種類別

A
主要預期獲得高績效所進行的投資
股票、公司債券、貨幣、房地產

B
主要為了穩定投資組合的價格波動所進行的投資
政府債券、現金

C
與A和B的價格走勢不同，為了提高和穩定整體績效所進行的投資
大宗商品、比特幣、其他

C的價格走勢往往會和A不一樣，所以它扮演的角色是穩定投資組合的整體波動率，並且提升績效。

三種類別的比例該如何拿捏

我們要考慮的是，A、B、C每一種應該以多少比例來進行投資。

我推薦的比例是A百分之四十～六十、B百分之十～三十，C百分之二十～四十。

投資百分之四十～六十在A上，可以預期達到提升績效的效果，投資百分之十～三十在B上，為危機做好準備，接著再把百分之二十～四十投資在C上，其價格走勢往往與A不同，有機會能夠對於投資組合整體的績效產生幫助。

這是我針對三十幾～六十幾歲的人所設計出來的比例，僅供各位參考。

如果你比較年輕，比如說才十幾歲～三十幾歲，我認為你可以更積極地追求績效，把比例調整成A百分之六十、B百分之十、C百分之三十之類的。就算你已經六十幾歲了，也還有很高的機率會再活個二十～三十年，所以你的比例就可以調整成A百分之四十～五十、B百分之二十～四十、C百分之二十～三十，接下來隨著年齡的增長，再把B的比例調高，這樣的想法似乎也很不錯。如果你是七十幾歲的人，把B的比例再稍微調高一點或許會比較好。

如果你是二十幾歲的人，你要到二十年後、三十年後，甚至五十年後，才會需要動用到你的投資資金，而七十幾歲的人可能在五年之後就需要用到了。

除了年齡以外，把個性納入考慮也是很重要的。你的個性也會影響到你的風險承受能力，比如說在意股票價格在意到睡不著，或者一直處於焦慮狀態等等。

長期定期定額的部分不需要天天檢視價格走勢，就算價格暫時下滑，也不要有太大的壓力，因為只要能在長期獲得回報就好了。然而，如果你的個性很在意價格波動，甚至會為錢擔心到睡不著覺，這對你來說就是承受太多風險了，一個更重視穩定性的策略可能會更適合你也說不定。

雖然價格偶爾會下滑，但是經過一段時間就會回升，我認為只要多累積一點這種經驗，也許就能夠逐步轉換成更積極的比例。

雖然說比例是由你自己來決定的，不過我認為重要的是要盡量謙虛，最好不要有那種「因為我投資經驗豐富、很有概念，所以我一定是對的」的想法，另外「因為我錢很多，所以沒關係」的想法同樣也很危險。我自己過去也有過慘痛的經驗，過度自信並不是一件好事。

另外還有一條規則，希望各位能夠遵守，那就是投資在一個商品上的金額，要以整體資產的百分之五~十為上限。一旦超過這個數字的話，就很難達到分散投資的效果，整體投資組合的風險也可能會升高。如果你只有少量的資金可以投資，單一商品占據的比例很容易就會太高，此時最好可以稍加調整，不要過度集中投資在某一項商品上。

儘早開始，小額也沒關係

重要的不是金額，而是要儘早開始。

就算你是大學生，只要可以從每個月的打工薪水中拿出一萬日圓的投資資金，同樣也能夠進行投資。就算金額很小，也可以靠著複利效果讓錢增加，最重要的是可以累積經驗。

如果每個月拿出一萬日圓分散投資的話

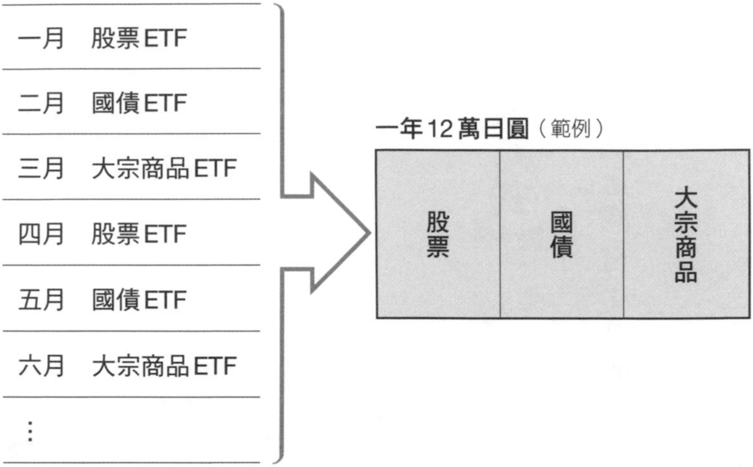

扣掉必要的開銷之後，有些人每個月可以拿出十萬日圓運用在長期定期定額的投資上，也有些人每個月只能拿出兩萬日圓，還有些人只拿得出一萬日圓。很多人往往都會覺得，既然分散投資這麼重要，那麼勢必需要一定的金額才行，然而其實並沒有這麼一回事，就算定期定額的金額很小，也有許多方法能夠在保持多元化的同時進行長期定期定額的投資。

舉例來說，如果只有一萬日圓的話，就現實上而言，要想買進好幾檔ETF是很困難的，在這種情況下，你可以第一個月買進股票，第二個月買進國債，第三個月買進大宗商品，第四個月買進股票，第五個月買進國債，第六個月買進大宗商品，像這樣按照順序買進也是個不錯的方法。

接下來你可以一步步建立自己的投資組合，就像在收藏一樣，只要慢慢累積投資經驗，等到未來收入增加，有更多的金額可以投資的時候，就可以讓經驗獲得應用。

【買進方式】

使用定期定額NISA和iDeCo

具體的買進方式大致上可以分成四種。

①自行定期買進
②使用定期定額NISA
③使用iDeCo（個人型確定提撥制年金）
④使用投資信託的自動定期定額扣款

首先我們來看看②③。

②的定期定額NISA，指的是年度投資額度以四十萬日圓為上限，可享有最長二十年定期定額買進基金和ETF免課稅的制度。一般來說，基金的分紅和ETF的配息，以及在賣出的時候如果有獲利，就要繳納大約百分之二十的稅金，但是在定期定額NISA制度下，這些收益就可以不用課稅。雖然租稅優惠十分可觀，但是能夠定期定額投資的商品選項不是很多，僅限於日本金融廳指定的指數型基金和ETF。你也可以考慮把一部分要運用在長期定期定額投資的金額投入定期定額NISA上。

③的iDeCo是為了讓你存年金而設計的制度。原則上就是每個月提撥一定的金額，用來投資基金、保險商品和定存等等，而提撥的總金額會從所得裡扣除，所得稅和住民稅可以獲得減免，投資所得的獲利也是不用課稅的。原則上它會在六十歲以後以年金或一次金的形式給付，給付的時候才需要課稅（此時也會有租稅優惠）。因為有租稅優惠，所以我認為它也有很高的活用價值，不過可以投資的標的只能從該家金融機構所提供的商品中進行選擇。

雖然iDeCo可以由個人自由利用，不過如果你在公司上班的話，公司可能也會有同樣讓你存年金的制度（DC／企業型確定提撥年金）。原則上來說，提撥的費用會由企業支出，投資的商品則是由本人來選擇（員工也有可能可以在一定的範圍之內提撥額外的費用）。如果你適用這套制度，可以試著再次檢視自己是否選擇了適當的商品。

④是許多金融機構都有提供的一項服務，可以讓你每個月以一定的金額自動買進指定的基金。你可以從該家金融機構提供的基金中自由進行選擇，根據金融機構的不同，與定期定額NISA和iDeCo比起來，可能會有更多的選擇，但是就沒有像定期定額NISA和iDeCo那樣的租稅優惠。

接著①的方式是自行定期買進，雖然缺點在於沒有租稅優惠，也沒辦法自動定期定額扣款，但是優點就是可以買進任何商品，是分散投資所不可或缺的一項重點。

有人會問我說「我是不是應該使用有租稅優惠的定期定額NISA和iDeCo會比較好」，我的回答是：「盡可能全部嘗試看看」。因為我認為，有租稅優惠固然很好，但是除了策略（長期定期定額和短期投資）的多元化和商品的多元化以外，買進方式的多元化也是一件好事。

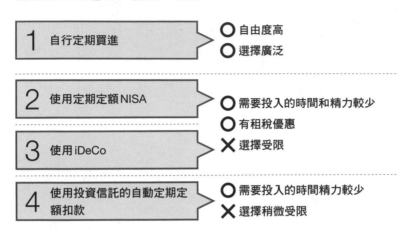

買進方式的選項和優點・缺點

買進方式	優點・缺點
1 自行定期買進	○ 自由度高 ○ 選擇廣泛
2 使用定期定額 NISA 3 使用 iDeCo	○ 需要投入的時間和精力較少 ○ 有租稅優惠 ✕ 選擇受限
4 使用投資信託的自動定期定額扣款	○ 需要投入的時間精力較少 ✕ 選擇稍微受限

不過定期定額NISA和iDeCo的問題在於，因為選擇有限，所以會阻礙到商品的多元化，而且額度也有上限。你可以自己設計投資方式，比如說如果是可以用定期定額NISA和iDeCo買進的標的，就用它們來買進，如果是兩者都無法買進的標的，再採用自行定期定額投資的方式。

在這樣的情況下，你應該按照以下的步驟來進行：先決定好A～C的比例，以及你想要買進其中哪些資產，再來尋找並且搭配適合的商品。這個過程就是先思考你想要什麼樣的投資組合，之後再來決定商品和買進方式。

強制定期定額的優點

定期定額NISA和iDeCo還有一個優點，那就是只要辦完一次手續，就可以自動買進。

日本人往往很重視紀律，這點在投資上更是需要好好執行。這是因為當股票價格上漲的時候，我們往往會產生「雖然我本來預計要投資一萬日圓，但是多買一點是不是會比較好」或是「價格好像已經漲得太高了，是不是不要買會比較好」的想法，導致無法順利執行已經決定好的投資。

當股價下跌的時候，因為可以便宜買進，以長期來看也許會是個好機會，但是實際上，我們往往會產生「價格看起來好像會進一步下跌，太危險了，我還是不要買比較好」的想法，換句話來說就是，獅子戰略想要排除掉的情感會出來作祟。

如果是定期定額NISA和iDeCo的話，除非你自行喊停，否則就會自動買進，所以不管你願不願意，都可以達成有紀律的投資，這是一個很大的優點。

運用紀律性來定期定額投資ETF

當然，你也可以自行定期買進ETF。

如果想要確實進行投資，有一個不錯的方法是先決定好自行投資的日期，再把它放進行程表裡。

舉例來說，因為週末沒有開市，價格不會變動，所以心情比較不會受到影響，應該就可以冷靜地下單。

雖然你也可以下限價單，但是要思考應該指定的適當價格並不輕鬆，而且如果沒有達到那個價格的話，就無法成交，定期定額買進也就不能夠確實執行。就我的想法來說，重要的是以市價訂單確實買進，如果是買進成交量較高的商品，就沒有必要下限價單。

【重新調整】

用新增資金來重新調整投資組合

即使你決定好每項資產的投資比例，隨著時間的流逝，比例也可能會因為每項資產的價格波動而產生偏移。舉例來說，就算你決定好股票百分之六十，國債和現金百分之二十，大宗商品百分之二十，要是股價上漲，國債價格下跌，就有可能會變成股票百分之七十，國債和現金百分之十。

如果放著不管的話，隨著股票的比例上升，就有可能會產生一些不利的情況，比如說整體投資組合的價格波動超出當初的預期等等，所以此時就需要進行平衡調配的「重新調整」。

重新調整有好幾種方式。

首先第一種是，在每個月進行長期定期定額投資的時候，利用新增的投資資金來進行重新調整。

也就是說，如果你決定好股票百分之六十，國債和現金百分之二十，大宗商品百分之二十，在每個月要進行投資的時候，就盡可能用能夠讓整體達到這個平衡的方式買進。換句話說，如果是比例高於當初預期的資產，那就少投資一點，如果是比例有所下滑的資產，那就盡量多買進一點。

如果是自行買進ETF的方式，因為只要調整下單的金額，所以執行起來相對比較容易。雖然你可能會覺得有點麻煩，不過每個月只要做一次就好，而且還有一項好處是可以養成檢視資產狀況的習慣。

另外，如果是定期定額NISA和iDeCo的話，也可以變更買進的標的

（詳細的手續方式請向金融機構確認）。

不過要是你很忙，負擔又很重，覺得要處理iDeCo的變更手續很麻煩的話，也不需要勉強。

如果是這樣的話，只要在發放獎金的時候檢視一下整體的比例，並且在用獎金投資的時候再進行重新調整就可以了。要是你沒有獎金的話，不妨每年檢查你的比例一～兩次，等到手上握有新增的投資資金時，再用那筆錢來進行重新調整。

如果沒有新增資金的話，要如何進行重新調整

如果你沒有新增的投資資金，每個月的定期定額投資也在停擺中，或者你已經停止進行新的投資，手邊有在持續運用的只剩下已投入的投資資金，這樣就沒辦法額外買進比例下降的資產了。在這樣的情況下，你可以選擇賣掉比例上升的資產，再運用那筆錢來額外買進比例下降的資產，藉此來進行比例的調整。

當你在這樣做的時候，重要的是重新審視你的比例本身是否恰當。如果你沒有新增的投資資金，有可能是因為退休、收入減少，或者教育費之類的支出增加等緣故。在這樣的情況下，你最好可以試著考慮一下，是否需要把投資組合的一大部分轉換成重視穩定性的標的。**在檢查比例是否恰當的基礎上進行重新調整**，會是比較明智的做法。

重新調整還有其他的效果

除了平衡投資組合以外，重新調整還有其他的效果。那就是**可以賣掉價格上漲（被高估的）的資產，買進價格下滑（被低估）的資產**。

如果比例增加，就意味著它跟其他資產比起來價格相對上漲，如果比例減少，就意味著它的價格下滑了。在這樣的情況下，只要利用新增的資金來進行重新調整，就等於是在價格下滑的時候（便宜的時候）進行投資。除此之外，要是你變更

利用重新調整來平衡投資組合

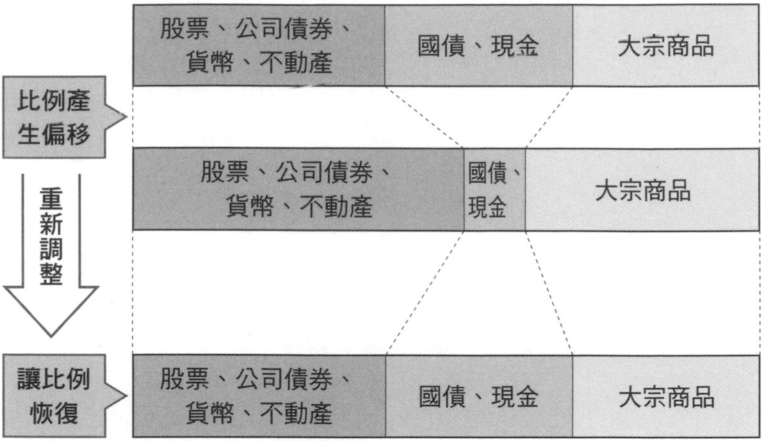

〔重新調整的方法〕

有新增的資金	**利用每個月定期定額的資金來進行重新調整** 少投資一點比例高於當初預期的資產， 多買進一點比例低於當初預期的資產。 **利用獎金來進行重新調整** 在獎金發放的時候檢視比例， 多買進一點比例下滑的資產。
沒有新增的資金	**利用現有的資金來進行重新調整** 賣掉比例上升的資產， 買進比例下降的資產。 重新審視當初設定的比例是否恰當。

一下每個月定期定額的投資計畫來進行重新調整，你就不會買到價格太貴的標的，而是可以買到價格下滑的標的。

除此之外，當你在賣出比例增加的資產，買進比例減少的資產的時候，就等於確保了價格上漲的資產所帶來的獲利，並且針對價格下滑的資產進行投資。

你每年可以視需要進行一～六次的重新調整，以這個規則為基礎，有紀律地實踐下去。另外，在新冠病毒疫情爆發等市場大幅波動的時候，不妨試著養成適時重新審視比例的習慣。

Chapter 5

獅子戰略③
利用短期投資提升績效

短期投資要跟著趨勢走來提升績效

短期投資是一種與長期定期定額截然不同的策略。

長期定期定額不需要在意時間點，而是要持續且確實地執行下去，短期投資則是要「找出趨勢」、「以適合當下情況的策略來進行」。

短期投資主要有兩個目的。

首先第一個是，提升整體投資組合的績效。

長期定期定額的目標是讓你的資產能夠長期成長，而短期投資則是要跟著當下的趨勢走來額外提升獲利。所以我們不會一天到晚都在進行短期投資，而是會等找到機會再來執行。

我們很難定義短期具體上指的大概是多長的一段時間，根據案例和市場的狀況不同，也會有所差異，不過基本上都是幾天到幾個月左右的時間。請不會誤會，我不是在建議你當一個整天待在自己家裡進行交易的專職當沖客，我所說的短期投資，是可以在認真工作之餘抽出時間來進行的。

新手不需要勉強，只有長期定期定額也ＯＫ

每當發生讓市場崩盤的衝擊事件時，市場的波動率就會升高，比如說像雷曼兄弟事件或新冠病毒疫情爆發等等。只要出現新聞事件，造成特定商品的價格波動上升，或者發生崩盤導致市場價格產生重大波動的時候，就可以好好針對情況進行觀察，並且跟著浪潮走。我們要做的就是藉由跟著浪潮走，挑戰在短時間內有效率地獲利。

即使是在市場波動率較低的時候，同樣也可以找出趨勢，並且跟著浪潮走，也就是說在任何情況下都能夠進行短期投資。

我們可以先跟著穩定的浪潮走，等到有一波好的浪潮來臨時，再試著搭上那波浪潮，這就是獅子戰略結合長期定期定額和短期投資的目的。

儘管如此，我們還是得要先找出趨勢，而且因為要轉換到會有所波動的地方，在這個過程中也可能會產生損失。

如果你沒有太多時間可以花在投資上，只是想要長期穩健地累積資產的話，也不需要勉強，可以繼續單靠長期定期定額來進行投資。等到有一天你想要嘗試看看不一樣的策略時，再來考慮短期投資就可以了。

小額投入，也可以試試看模擬器

我的建議是，運用在短期投資上的資金要控制在整體投資資金的一成，最多也不要超過三成。在這個範圍之內，以不同的商品和交易時間點分批小額投入。

長期定期定額和短期投資的比例，以及投資額度的上限

長期定期定額的投資	短期投資
70～90%	10～30%

獅子戰略的法則

投資在單一商品的額度上限應控制在整體資產的百分之五～十

除此之外，無論是短期投資，還是長期定期定額，投資在單一商品上的額度上限請控制在整體資產的百分之五～十。就算你可以投資的資金不多，也要避免集中投資在單一商品上。

重要的是累積多次短期投資的經驗，就算出現虧損，也不要產生恐懼的心理。在練習騎腳踏車的時候，應該也不會有人馬上就拚盡全力去踩踏板，而是會慢慢地踩動雙腳，投資也是一樣的。在最一開始的十次左右，或者直到你習慣為止，你可以盡量採取小額投資來一步步累積經驗，如此一來，就算犯錯也不會造成太大的損失。

如果你要投資十萬日圓，不要一下子就全部投入，而是要三萬日圓、三萬日圓、四萬日圓，像這樣分成好幾次來進行投資，這也是我在華爾街學到的事情。

除此之外，要是價格大幅上漲，就算你原本預計要投資第二次、第三次，也要記得踩煞車。因為如果你已經獲利的話，就不需要再進行過度的投資了。

如果你還沒有準備好馬上投入自己的錢，也不妨利用網路上提供的股票交易模擬器之類的工具來試著體驗一下交易的感覺。

累積小額的獲利

如果想要跟著趨勢走來獲利的話，就需要一次又一次地產出想法並且搭上浪潮。

此時的重點在於不要一下子追求巨大的獲利，而是要把次數拉高，靠小額一步步累積。因為比起在一次的交易中獲得一百日圓的收益，在十次的交易中分別獲得十日圓的收益既比較容易，機會也會比較多。如果你想要一次就賺到一百日圓的話，就很容易被「我想要買在最低點，賣在最高點」的心態所綁架，但是這非常困難，而且也有很大的風險，就像是要試圖抓住一把正在下墜的刀子一樣。另一方面，如果你能夠欣然接受十日圓的獲利，那麼只要確認價格已經見底，並且處於上升狀態以後，再進行投資就足夠了。換句話說就是，**在充分確認刀子已經落地之後再撿起來就可以了**，如此一來也可以降低受傷的風險。

希望你能夠記住，與其瞄準一百日圓×一次，不如以十日圓×十次為目標。

短期投資的想法應該從何找起？

進行短期投資的話，大家最煩惱的往往都是應該如何找出適合的目標商品。如果想要找出哪些商品即將迎來一波必須搭上的浪潮，你需要先決定一些口袋名單的商品，並且觀察它們的價格走勢。

如果是自己喜歡的公司，或是自己喜歡的國家的ETF，你也許會比較容易產生興趣，但是我並不建議這樣做。雖然這樣子講聽起來可能有點刺耳，但是我不太喜歡「投資喜歡的東西」這種說法，因為我認為這種思路太過情緒化了。

投資的目的是為了增加數字、賺取金錢，你對於投資對象的好惡並不重要，**如果有任何因為情感而導致做出錯誤判斷的風險，都應該要極力避免**。只要你觀察圖表，發現有一波浪潮即將來臨，而你判斷這波趨勢值得跟上，就可以著手進行短期投資，保持這種簡單的思路是很重要的。

那麼我們應該要選擇什麼樣的商品來進行短期投資才好呢？舉例來說，你可以把與日經平均指數或道瓊工業平均指數連動的ETF、美金日圓外匯交易、黃金ETF之類量（交易量）比較大，而且比較知名的商品放進口袋名單。如果是大家都在關注的標的，就會有更多的資訊，也有比較多的依據來掌握趨勢。

在我的YouTube影片裡，也有針對短期投資的想法進行解說，我認為一開始可以先看看具有投資經驗的人所做的分析，在看完這些解說之後，再來試著檢視實際的價格走勢，這也會是個不錯的做法。

看看經驗豐富的投資人是如何分析的，同時自己也一邊思考一邊持續觀察圖表，再來比對投資家和自己的想法，相信只要這樣子進行下去，分析能力也會有所提升。

查看國際新聞

做投資的人要以世界上發生的事件與公布的統計資料為依據來尋找投資機會，如果想要獲取這些資訊，就需要查看新聞，我之所以會在YouTube上解說國際新聞，也是因為想要用我個人的觀點來分析國外的新聞，並且分享給大家看。我認為只要你持續關注，就能夠掌握國際話題，這可以當成你規劃短期投資策略的依據，也可以實際認識到新聞與市場的關聯性。另外我也有開設英文頻道，把日文的影片翻譯成英文，所以你也可以拿來學英文。

YouTube英文頻道

https://www.YouTube.com/c/DanTakahashi

是否需要設定停損的規則呢？

長期定期定額的投資基本上是在你需要一大筆錢的時候，或者等到退休之後再賣掉，而短期投資則是要在趨勢發生變化的時候確保收益，所以如果趨勢發生不符合預期的變化而造成損失的話，就必須進行停損。

因為短期投資是一種「跟著趨勢走」和「搭上浪潮」的策略，所以基本的思路是要觀察圖表，在判斷趨勢發生變化的時候買進和賣出，而不是設定一個數字說只

要價格下跌百分之幾就賣掉。

停損是一件非常、非常重要的事情。

我相信大部分的投資人都有過停損的經驗。

從二十一歲到三十五歲以職業個人投資者的身分一路從事投資的我，至今為止累積了數不清的停損經驗。

當我二十二歲在第一家避險基金公司上班的時候，我的導師告訴我：「丹，如果你想要成為有錢人，就要掌握停損的方法，而不是找到賺錢的方法」。當時的我沒有辦法完全理解他的意思，但是在累積了幾次重大虧損的經驗以後，我才意識到導師告訴我的這番話有多麼重要。

我認為停損有三個重要的關鍵，只要你掌握了這三點，相信就能夠更容易獲利。

在這之前，我想要先釐清一點，那就是只有短期進行的投資才需要停損，如果是長期定期定額的投資，除了重新調整和輪動的時候以外，可以不用太在意停損也無所謂。你要知道的是，停損是短期投資的必備利器。

如果只是微小的損失，不管虧幾次都沒關係

停損的第一個重要關鍵在於「停損要及早進行，把損失壓低」。

我曾經同時利用長期定期定額和短期投資來買進「白銀」。

舉例來說，在二〇二〇年七月上旬，我利用圖表看到了價格上漲的趨勢，於是進行了短期投資。接著在八月上旬的時候，由於圖表上價格上漲的趨勢已經消失，因此我就把短期投資的部分賣掉，獲得了百分之五十五左右的收益。

後來，因為白銀出現了價格下跌的訊號，所以我選擇賣空。賣空是一種可以在價格下跌時獲利的投資方法。然而，此時圖表上又出現了上漲的趨勢，於是我捨棄

一半賣空的部分，承受了百分之四左右的虧損。

雖然我在百分之四左右選擇了停損，但是跟先前獲得的百分之五十五的獲利比起來，百分之四的虧損根本就不算什麼。換句話說，我們要做的事情其實是控制獲利和虧損的比例，總而言之，重點就在於創造巨大的獲利，然後把損失壓低。

就算發生了好幾次不得不以停損收場的情況，只要造成的損失很小，就沒有什麼太大的問題。重點在於把收益放大，把損失縮小的「大小」，而不是在於「停損的次數」。很多人常常會以為獲利機率很高的投資人就是好的投資人，我原本也是這樣認為的，然而實際上重點並不在於「次數」，而是在於成功和失敗各自的「大小」。

我們不需要追求十次裡面有六次能夠獲利，就算十次裡面只有三次獲利，如果那三次分別賺到了百分之五十的獲利，而剩下的七次只有平均百分之三的虧損，這就是我們要的。這樣的投資方式不只更加強大，也更能夠提升整體的績效。

第二個關鍵在於「跟著趨勢（浪潮）走」。

就跟我前面提到的一樣，短期投資得要跟著浪潮走來獲利，當浪潮出現的時候就進場卡位（買進或賣空），並且在浪潮結束的時候出場，就是這麼簡單。

關於圖表的部分，我會在Chapter 6進行說明，如果想要跟上趨勢的話，就需要用到「MACD」、「RSI」、「布林通道」之類的技術面分析。

當圖表上的浪潮結束或發生變化的時候，就要準備出場（EXIT）了。

我希望你可以明白一件事，那就是要不要出場不是由你來決定的，而是由圖表和市場來決定的，因為你沒有辦法決定浪潮會在哪裡結束，就算試圖進行預測也只是在浪費時間而已。我以前也曾經以為這是可以自行決定的，然而事實並非如此，這種東西根本沒有任何人能夠知道。

透過觀察圖表搭上浪潮，再藉由觀察圖表下車，這一點是非常重要的。

虧損是難免的，千萬不要責怪自己

接下來第三點是「控制心態」。

具體上來說就是，不要把虧損怪罪到任何人身上。

因為我非常討厭輸，所以過去每次只要發生虧損，我就會試圖怪罪到某個人身上。但是在經歷過好幾百次的停損之後，我明白了，實際按下交易按鈕的是我自己，在進行投資的也是我自己，這是我自己的責任。

這裡的重點在於，你不需要覺得自己要負很大的責任而感到受傷。

就我的觀察，日本人往往會過度害怕失敗，「早知道我就在上個禮拜賣掉了」、「早知道我就不要聽丹說的話了」、「早知道我就聽其他人講的話了」，要是再極端一點的話，你可能還會覺得「早知道就不要碰什麼投資了」。

不要怪罪任何人也許並不容易，即便如此，你還是要了解到這一點，市場產生變化是常有的事情，會出現虧損只是因為趨勢發生了變化，這不是任何人的錯。只要了解到「Don't play the brain game. 這不是任何人的錯」，就可以放鬆心情進行投資。

舉例來說，有一次我在YouTube上推薦了一家知名遊戲公司的股票，結果在一個星期之後，趨勢就發生了變化，下跌了百分之二。我沒有找藉口，也直接選擇了停損，這不是任何人的錯。投資人可以做的就是跟著趨勢走，一旦趨勢發生變化，就出場減少損失。只要你能夠做到這一點，就可以放鬆心情進行投資，少了巨大的壓力以後，就有可能賺到更多的錢。

雖然你可能會覺得很意外也說不定，但是其實我也不只一兩次想過自己不適合投資，甚至還考慮過再也不碰投資了。但是其實這不是任何人的錯，你也不需要太過自責，千萬不要想太多，只要放輕鬆就好了。

就算賠錢也不要放棄投資

當二〇二〇年五月上旬原油價格暴跌的時候，我觀察了一下圖表，買進了原油的ETF，直到趨勢變化為止，我都持續跟著浪潮走，最後獲得了大約百分之六十的收益。

當我在投資可以對美國的航空股票進行投資的【JETS】（ETF）時，我按照圖表上的訊號先賣掉一半，接著等到另外一個訊號出現時，再把剩下的部分賣掉。結果雖然不是賣在最高點，不過也賺到了大約百分之五十的獲利。

我想要說的是，只要你創造了幾次很大的獲利，就算小虧了好幾次也沒關係。同時你也要記住，不一定要讓獲利最大化也無所謂，重點在於掌握趨勢來獲利以及停損。

跟著趨勢走，藉此創造巨大的獲利，而當趨勢發生變化的時候，就把損失壓低。就算以停損收場，也不要怪罪於別人，更不要怪罪到自己身上。

因為這點很重要，所以我希望你反覆閱讀這個部分。

我在YouTube影片裡講過很多次，我是一個投資家，而不是預言家，所以我的分析和判斷也會有出錯的時候。

如果你因為賠了錢而討厭我，甚至取消訂閱了我的YouTube頻道，也千萬不要放棄投資，我衷心期盼各位都能夠著手投資，並且持續下去。

資金槓桿可能會放大損失

雖然微小的損失沒有什麼關係，但是巨大的虧損就得要避免了，考量到這一點，我們就需要了解一下「資金槓桿」。

有一次，我在外匯市場上針對美元日圓進行了短期投資。我本來以為自己跟上了趨勢，結果卻以停損收場，不過當時的我只小虧了負百分之〇・四。然而，要是我開了極高的資金槓桿，想必就鑄成大錯了。

資金槓桿是一種投資手法，可以讓你進行高達投資金額好幾倍的交易，無論是獲利和虧損都會放大。我認為沒有必要使用到資金槓桿，因為我自己也幾乎沒有在使用，就算用了，也只會開到三～五倍左右。尤其如果你是新手的話，我認為至少在剛開始的幾年之內都不要使用資金槓桿會比較好。開高槓桿是一種接近賭博的行為，在我和各位所要執行的獅子戰略中，賭博是沒有必要的。

相信只要跟著趨勢走，把損失壓低，就可以輕易避免重大的打擊了。

夏普比率是很重要的

短期投資的目的是為了提升整體的績效，也包含長期定期定額的部分。

然而，在這裡我希望你可以明白一件事，那就是如果只是單純提升績效，並不代表你的投資是成功的。

我接下來要跟你講的，是提升金融素養的一個非常重要的關鍵，雖然這在華爾街屬於常識，但是大部分的個人投資者都不懂，所以我希望你能夠有所認識。

舉例來說，在以下的A先生和B先生裡面，你會想要把錢交給誰來打理呢？

A先生：投資一檔標的（股票），每年有百分之八的獲利，在新冠病毒疫情爆發的時候，價格一度下跌了百分之五十。

B先生：投資十檔商品，每年有百分之八的獲利，在新冠病毒疫情爆發的時候，價格一度下跌了百分之二十。

相信大部分的人都會選擇B先生吧？我也是一樣的。

如果要說為什麼的話，就是因為要是我們可以獲得相同的報酬，價格下跌的幅度最好是愈小愈好。高達百分之五十的下跌是很難以承受的，就算只是暫時性的，也會讓人備感壓力，所以不會讓人產生太多壓力的B先生應該比較好。

讓我再舉一個例子給你看。

A先生：投資組合的收益率是百分之十二，標準差為百分之十。
B先生：投資組合的收益率是百分之八，標準差為百分之五。

這邊出現了一些很艱澀的詞彙。
所謂的收益率指的就是獲利。
而所謂的標準差，指的是一種表示分散程度大小的指標，如果標準差很低，就代表分散程度很小，如果標準差很高，就代表分散程度很大。要是分散程度很大，就意味著很零散，所以標準差最好是愈低愈好。

標準差比較低的是B先生，但是A先生的收益率比較高，那麼你會選擇A先生還是B先生呢？

我會選擇B先生。

為什麼呢？這是因為B先生的「夏普比率」比較高。

所謂的夏普比率，指的是一種呈現獲利效率的指標。

在我創辦避險基金公司的時候，我和導師為了籌措資金而到處奔走，當時被投資人問到的並不是績效，而是夏普比率。**因為重點在於是否能夠在壓低標準差（價格的分散程度）的同時獲得績效，所以我們才會被問到能夠壓低價格的分散程度到什麼地步**。

價格的分散程度愈大，壓力就會愈大，甚至可能會讓你覺得「我再也不要碰什麼投資了」，或者在發生巨大波動需要一大筆錢的時候，你也可能會蒙受損失。如果分散程度小一點的話，就可以安心地持續進行投資，也比較不會遭遇到在價格下跌的時候不得不選擇拋售的不幸。光是有很高的收益率是不夠的，標準差也要夠低才行，換句話來說的話就是，高夏普比率是很重要的。

夏普比率的計算公式與具體實例

夏普比率＝ 投資組合的收益率 安全資產的收益率 / 投資組合的收益率的標準差

[A先生]

收益率……………………………12%
標準差……………………………10%
安全資產的收益率………………2%

(12−2)÷10

夏普比率為1.0

[B先生]

收益率……………………………8%
標準差……………………………5%
安全資產的收益率………………2%

(8−2)÷5

夏普比率為1.2

B先生的夏普比率比較高。
換句話説，B先生的獲利效率比較好！

夏普比率的計算公式

夏普比率的計算公式如上圖所示。

分子是投資組合的收益率減掉安全資產的收益率，而所謂安全資產的收益率，指的是那些沒有貶值風險的資產的收益率，我們在這裡假設是百分之二，如果投資組合的收益率是百分之八的話，分子就是百分之六。

另一方面，分母是投資組合的收益率的標準差。所謂的標準差，就跟我前面提到的一樣，指的是分散程度的大小。

我們就用剛才的例子來計算一下夏普比率吧！

A先生：投資組合的收益率是百分之十二，標準差為百分之十。
B先生：投資組合的收益率是百分之八，標準差為百分之五。
安全資產的收益率假設是百分之二。

A先生／（12–2）÷10，夏普比率為一．〇
B先生／（8–2）÷5，夏普比率為一．二

雖然A先生的績效比較高，但是因為標準差也很高，所以夏普比率只有一．〇；而B先生的績效雖然稍嫌遜色，但是因為標準差很低，所以夏普比率是一．

二。換句話說，B先生可以在低風險下更有效率地獲利。

按照華爾街的評分標準來說，夏普比例只要有一以上就合格了，有二的話則是相當出色。如果要達到三的話，那就非常困難了，唯有每個月的績效幾乎不曾出現過負數的操作，才有可能達到三這個數字。

價格下跌有兩大損失

在華爾街有一句話叫做「投資的損失分成兩種」，一種是「失去金錢」的實際損失，另一種則是「感到痛苦」的情緒損失。

當價格下跌的時候，要讓心情振作起來，擬定下一步的策略，並不是一件容易的事情。虧損後的負面情緒會形成阻礙，進而產生焦慮，讓人難以保持理性的思考，最終可能還會導致急於賣出、放棄投資之類的行為。

在華爾街，與獲得高績效時感到愉悅的快樂比起來，虧損時感到沮喪的情緒起伏比較大，這點在許多的心理調查測驗中也有提到。考量到這一點，獲得長期的績效固然重要，但是更重要的還是降低精神上的打擊，讓自己能夠持續進行投資。我在前面有提到當我出現重大虧損時的故事，當時的我花了好幾個月才完全重新站起來。

跟賺錢的時候比起來，你對於賠錢時的記憶是不是也比較鮮明呢？動物都有這樣的傾向，一旦遭受到攻擊，體驗到了恐懼之後，就會採取防止再次受到攻擊的行為。如果你在產生「我再也不想要經歷這種感受了」、「我再也不想要碰什麼投資了」的想法之後，**決定不再進行投資，把錢全部放在儲蓄上，這會為你的人生帶來十分巨大的風險**，真的是很可惜的一件事情。波動率的大小就是這麼重要，而且它最終也會影響到你的績效。

投資商品的多元化和相關係數是很重要的

那麼，我們要怎麼做才能夠提高夏普比率呢？

如果想要減少分母的數值，就需要做好分散投資。比如說如果商品C的價格下跌的話，商品D的價格就很容易上漲，大量收集這種價格走勢相反的標的是很重要的。

除此之外，價格走勢的關係被稱作相關率或相關係數，相關係數會以一～負一之間的數字來呈現，如果接近一的話，就代表C和D的走勢相同；如果接近零的話，就代表C和D的走勢沒有關聯性；如果接近負一的話，就代表C和D的走勢相反。換句話說，相關係數愈低，多元化的效果就愈高。

舉例來說，如果C的價格上漲了百分之五十，D的價格下跌了百分之四十，那麼C的上漲所帶來的大部分獲利都會被抵消掉，有些人可能會覺得這樣很可惜。提升獲利固然重要，但是就我的觀點來說，你也應該稍微把比重放在投資組合的多元化來降低風險。我認為這樣子可以避免投資組合的暴跌，從長期來看也能夠獲得不錯的效果。

如何提高夏普比率

要如何提高夏普比率呢？全世界有超過一萬個證券投資基金，大家都在拚命尋找解答，不管是再怎麼專業的人士，都沒辦法輕易給出答案。

儘管如此，我們還是有一些可以做的事情。首先是選擇相關係數較低的標的來達成多元化。舉例來說，如果你投資了十檔標的，但是它們全部都只有日本的個股，夏普比率就不會很高，因為要是日本發生重大災害的話，這十檔標的就有可能會全數暴跌。

利用多元化來提升夏普比率

只投資日本股票
一旦日本出了什麼事，
就有可能會全數暴跌。

日本股票	日本股票	日本股票	日本股票	日本股票
日本股票	日本股票	日本股票	日本股票	日本股票

日本股票＋美國股票
只要放進（日本股票以外的資產），
就有機會稍微降低整體的價格跌幅。

日本股票	日本股票	日本股票	日本股票	日本股票
日本股票	日本股票	日本股票	日本股票	美國股票

分散投資各式各樣的資產
把投資標的多元化，就有更高機會避
免價格全數下跌的窘境。

日本股票	美國股票	開發中國家股票	黃金	原油
日本國債	美國國債	等等……		

如果這十檔標的裡面有一檔是美國股票的話，那麼就算九檔標的的價格下跌，也還有一檔標的具有上漲的可能性，或許就可以稍微降低你整體資產的跌幅也說不定。

再進一步來說，如果你只投資一檔日本股票，並且把其他的投資標的分散到美國股票、開發中國家股票、美國國債、黃金、原油等商品的話，就有更高的機會避免價格全數下跌的窘境。

舉例來說，傳統上而言，股票和美國國債容易呈現不一樣的價格走勢，還有已開發國家和開發中國家，或者根據各個國家不同，都會有這樣的現象，另外股票和大宗商品的相關性有的時候也很低。尤其是美國國債和美國股票，在歷史上的價格走勢往往都是相反的，只要出現經濟危機，股票的價格就會下跌，雖然有時候連帶債券和大宗商品也會一起下跌，但是只要過了一段時間，它們價格往往就會各自以不同的速度和原因回彈。

我所推薦的長期定期定額的投資組合也有考慮到多元化的效果，相信應該是足以提升夏普比率的組合。我一直以來在做的就是累積投資經驗，向導師學習，閱讀書籍，和許多人交談，分析很多資料，提供各位多元化的建議。

技術的發展是多元化的障礙

到目前為止，我想你已經明白了讓資產多元化的重要性，但是我們還有一個令人頭痛的問題，那就是現在愈來愈難找到能夠有效提升夏普比率的資產組合。

舉例來說，世界上的股票價格同時下跌的全球性股災經常發生，跟以前比起來，現在比較難獲得多元化的效果。

世界性的相關性上升是在近三十年左右發生的現象，這可以歸因於全球化、各國的金融寬鬆政策導致貨幣過剩，以及網際網路的普及，讓全世界的人都能夠幾乎沒有時間差地獲得相同的資訊等等。

不過以我的觀點來說，其中最主要的原因是在於技術的發展。

整個世界都被網際網路連接了起來，也盛行著許多優秀的演算法，大部分的商品都可以透過網際網路來交易，以前很多商品都是靠打電話來下單，但是現在大部分都是網路交易。資訊在一瞬間傳播開來，演算法即時分析，任何人都可以立刻進行交易，只有一有什麼風吹草動，全世界就會馬上產生反應。

舉例來說，如果是在一百年前的話，就算市場發生崩盤，黃金的價格波動也會相對比較穩定一點，但是不管是雷曼兄弟事件還是新冠病毒疫情爆發，都讓黃金一度暴跌。市場的價格波動愈大，進行信用交易的人就得要拿出更多的保證金，如此一來就會需要現金，為了準備現金，就必須賣掉手上持有的資產，於是大家就紛紛拋售包含黃金在內的所有資產。

原本大宗商品和股票等標的的相關性很低，黃金也是在危機情況下會變得更有價值的商品，但是因為市場上對於現金的需求，從而出現了拋售的暫時性波動，結果導致它們彼此的相關性上升。

即使再怎麼多元化，也會有一時失足的時候

每當發生全球性危機的時候，比如說像雷曼兄弟事件或新冠病毒疫情爆發等等，往往很難避免整體投資組合的暫時性貶值，不管你的投資組合再怎麼多元化，也會遇到一樣的情況。如果你已經開始投資，在這些衝擊中，你的資產估值可能已經大幅下滑了，在一段時間以內，可以說是沒有任何退路的狀態。就算多元化在平常的時候可以發揮效果，在遇到股災之類的時候可能就沒有那麼有效了。

正因為如此，我們才要讓資產達成多元化，盡量把資產的一～三成運用在短期投資上，因為只要掌握趨勢獲得收益，就可以彌補長期定期定額的損失。

這就是為什麼我希望你可以盡量持有不動產（包含自己的房子），因為很多實體不動產並沒有在市場上上市，所以能夠彌補股票或債券的價格波動。雖然說如果經濟崩盤的話，不動產的價格也會比較容易下跌，但是就拿自己的房子來說，因為自己居住的價值並沒有發生任何改變，實體資產也有它本身的價值，所以跟股票或債券比起來，具有更高的能力抵抗貶值。**只要一想到「自己的房子沒有貶值，所以沒關係」，就會產生安全感，也會對你的心態有所幫助**。

日本在泡沫破裂之後，除了一部分的區域以外，不動產的價值都一直都沒有太大的增長，大家好像往往都會忘記自己的房子是一項資產，只覺得自己的房子是拿來住的，但是自己的房子其實也是一項資產。

除此之外，根據我的經驗，除了不動產以外，另一個與股票和債券的相關率較低的，就是農業產品。由於農業產品是生活中不可或缺的存在，因此具有容易避免受到經濟狀況直接影響的特點。

我們最好可以持有自己的房子之類的不動產，或是需求不太會下降的商品，如果沒有的話，就盡可能分散投資，就算遇到經濟衝擊導致整體資產的價值下滑，也要意識到夏普比率，並且努力追求多元化，這點是很重要的。

現金也是一樣的，就算因為新冠病毒疫情爆發而導致股價下跌，現金的帳面價值（與實際價值不同）也不會改變。很多人往往會把股票和債券等價格會產生波動的資產獲利拿出來單獨看待，但是其實包含現金和存款在內，整體的金融資產都應該保持平衡，如果你注重安全性的話，也可以透過持有較多現金之類的方法來達成。

你要記住一件事，你自己的房子、現金和存款都包含在資產的投資組合裡。

另外，如果整體投資組合的價值下跌，你要知道這只是暫時的。事實上，就以新冠病毒疫情爆發時的黃金價格走勢來說，雖然價格暫時出下跌，但是幾個月之後價格就有所回升，在那之後甚至還開始飆漲。就我的觀點而言，只要規劃好股票、國債和大宗商品等類別，**進行有效的分散投資，從長期來看，夏普比率應該就足以達到一定的水準**。

我希望你可以了解到的是，重點並不在於一味地追求獲利，而是要提升夏普比率。

考慮財產的避險

另一種透過降低投資組合整體價格的分散程度來提升夏普比率的策略是「避險」，了解避險也是降低操作壓力的重要關鍵，讓我們好好認識它吧。

所謂的避險，就是在幫你的財產買保險。

如果你生病或受傷，需要一大筆醫療費用，或者因為家人去世而失去收入來源的話，應該怎麼辦呢？因為有可能會出現經濟上的困難，相信有許多人都會採取購買醫療保險或人壽保險之類的應變措施。

要是你沒有生病或受傷，保險費繳了也只是在虧錢，但是如果考量到生病和受傷，以及火災與自然災害所造成的損失，可能就很需要買個保險。

投資上所謂的避險和這種保險是同樣的原理，你在投資一檔股票的時候，其價格有可能會大幅下跌，此時為了不讓你的生活產生太大的衝擊，就需要進行避險。

我的YouTube上有一千則以上關於避險的留言，比如說為什麼需要避險，為什麼需要花錢在避險上之類的問題。

舉例來說，**每當出現美國總統選舉之類的重大政治事件時，往往會對市場產生影響，此時考慮避險就會顯得很有意義**。身為一個統計愛好者，我確實可以根據歷史的統計來做出一定的預測，可是至於實際上會變成什麼樣子，就沒有任何人能夠預測到了。在這樣的情況下，為了確保我們無論演變成任何局面都不會受到太大的衝擊，就需要進行避險。

長期定期定額的投資也需要避險？

如果是只有在進行長期定期定額投資的人，是否也需要考慮避險呢？

就和我前面提到的一樣，就算你有做好分散投資，在遇到重大衝擊的時候，也很難避免整體投資組合的價值下滑，而且衝擊是每隔幾年就會發生一次的。

在這樣的情況下，我們有三種策略。

首先，第一種策略適合「不會在意價值暫時性的下滑，在心理上也承受得住」的人。如果你是這樣的人的話，可以不需要考慮額外的避險，只要像以前一樣繼續進行長期定期定額的投資就好了。

第二種適合「雖然不會在意價值暫時性的下滑，但是希望可以在預期價格波動即將變大的時候採取一些應變措施」的人。

舉例來說，在預期新冠病毒危機即將到來，或者發生重大政治事件的時候，就可以改變定期定額的計畫，比平常更集中定期定額投資在類別B（國債與現金）或類別C（黃金之類的大宗商品）上。如此一來，就可以加強整體投資組合的功能，價格波動也會更加趨於穩定。

檢視自己的個性與壓力大小

第一種和第二種的策略適不適合你，也得要依照你自己的個性來考量。如果你在價格波動變大的時候會難以入睡、感到有壓力、滿腦子都在想商品的事情，你的投資組合也許就不適合你，很有可能需要重新配置投資組合，或者進行避險。要是你自己很難判斷的話，在日記本或行事曆上把自己的心情記下來也是個好方法，這樣當你回過頭來看的時候，就可以客觀地審視自己的情緒。

前兩種策略的概念圖

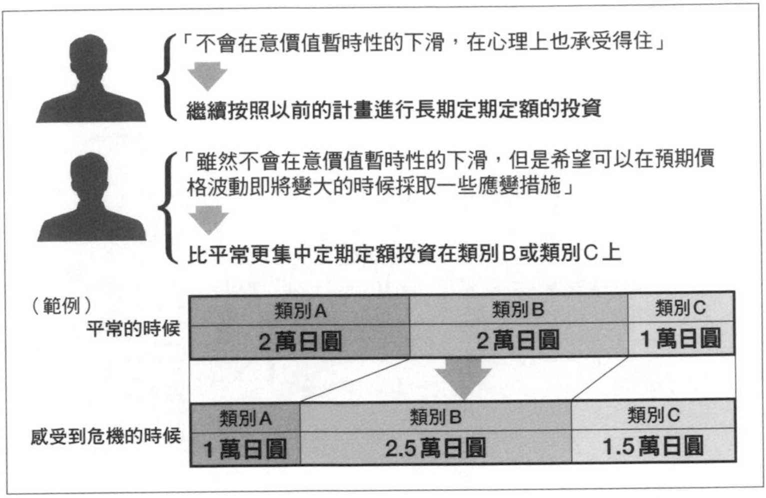
「不會在意價值暫時性的下滑，在心理上也承受得住」
繼續按照以前的計畫進行長期定期定額的投資
「雖然不會在意價值暫時性的下滑，但是希望可以在預期價格波動即將變大的時候採取一些應變措施」
比平常更集中定期定額投資在類別B或類別C上
（範例）
平常的時候
類別A
2萬日圓
類別B
2萬日圓
類別C
1萬日圓
感受到危機的時候
類別A
1萬日圓
類別B
2.5萬日圓
類別C
1.5萬日圓

利用賣空來避險

如果第一種和第二種的避險方式不夠的話，你也可以考慮採取第三種策略，那就是「賣空」。

在平常的情況下，我們會在長期定期定額的投資組合中進行避險，但是在短期之內，當我們覺得市場狀況有點危險的時候，就會在長期定期定額的投資之餘，以短期投資採取賣空的策略。

賣空如何運作

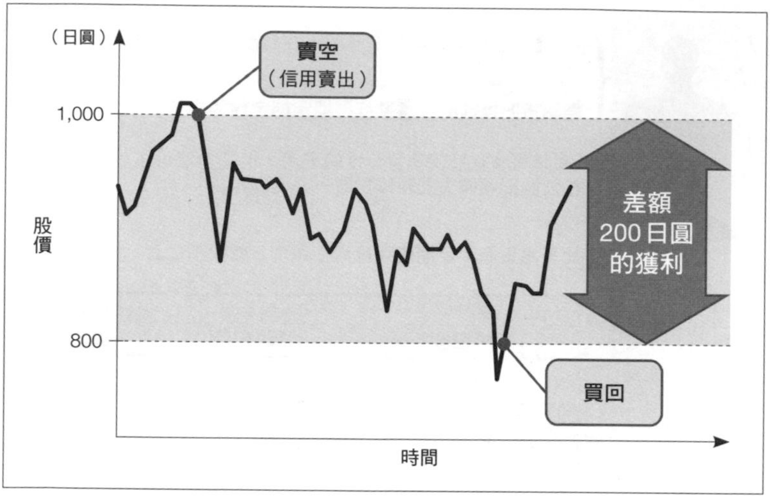

這種策略也可以應用在短期投資的避險上。

所謂的賣空，指的是會在股價下跌時產生獲利的交易。

如果要賣空的話，會利用信用交易（在美國稱為保證金交易）來借入股票，接著再把它們賣掉。

舉例來說，如果你在股價一千日圓的時候賣空，並且在價格下跌到八百日圓的時候買回，用賣空的一千日圓支付八百日圓的費用，你的手頭上就會剩下兩百日圓的差額，這就是賣空所產生的獲利。

如果你想要進行信用交易的話，就需要正確了解其中的風險，在證券公司開設一個拿來進行信用交易的帳戶。先行借入股票需要繳交一筆保證金，在買回的時候如果股價大幅上漲，有可能就得要再追加保證金。如果股價一直大幅上漲，你的損失就會不斷膨脹。

我有時候會以避險為目的來賣空股票，因為賣空可以從價格下跌中獲利，所以要賣空的最好是價格有可能下跌的商品，而股票就是其中一個選項。

具體上來說，我會在短期投資買進並持有各種股票的時候，為了防範市場暴跌而賣空。**即使是在大家覺得暴跌機率很低的狀況下，為了以防萬一，我也會賣空與手上持有的股票不同的股票**。

如果你想要賣空，可以把美國股票或日本股票的ETF列入口袋名單。我在YouTube上常常會講到與那斯達克綜合指數（NASDAQ Composite）連動的

【QQQ】，你也可以參考一下。

掌握多種避險方法

如果你覺得賣空的難度太高，在長期定期定額投資上也可以選擇不避險，持續進行基本的分散投資，或者在感受到危險的時候再拉高美國國債、定存、黃金大宗商品的比例，我認為只要利用這些方法來處理就足夠了。

至於短期投資的話，我覺得最好可以掌握賣空來當作避險的方法，不過如果有點困難的話，也可以考慮看看其他方法，比如說投資美國國債和大宗商品等等來達成多元化、在預期會出現衝擊的時候避免短期投資、把短期投資控制在小額交易等等。你要知道一件事，那就是我們也可以透過改變投資組合的比例來提升避險的功能。

儘管如此，賣空依然是一個有效的避險選項，如果掌握好幾種方法，你的投資就會變得更加輕鬆。反正如果有機會，你就可以考慮試著學習看看，我認為也沒有必要勉強，只要一步步逐漸增加選項就可以了。

使用反向型ETF來避險是不恰當的

有些人會為了避險而買進反向型ETF，但是我並不建議這樣做，尤其如果你是初學者，我覺得最好是不要碰比較好，即使你是有投資經驗的人，也還是少碰為妙。

反向型ETF指的是價格走勢與正常狀況相反的ETF。舉例來說，如果是道瓊工業平均指數的反向型ETF的話，只要道瓊工業平均指數上升，它的價格就會下跌；只要道瓊工業平均指數下滑，它的價格就會上漲。

你也可以使用反向型ETF和資金槓桿的組合，如此一來，只要道瓊工業平均指數下滑了百分之十，它的價格就會上漲百分之二十。資金槓桿能夠讓你獲得原本的數值翻上好幾倍的投資成果，假設是兩倍的話，獲利就是兩倍，而風險也會變成兩倍。

讓我們利用圖表來看看實際的價格走勢吧。

與美國的股票指數S&P 500連動的ETF【SPX】，在新冠病毒疫情衝擊下，它在三月二十三日觸底，價格是二二三四，結果在兩個半月以後上漲了百分之四十。

【SSO】是兩倍槓桿的ETF，所以應該要上漲百分之八十左右，但是實際上則上漲了大約百分之八十五，有百分之五的落差，這樣並不是很恰當。

【SPXU】是三倍反向型的ETF，三倍＝三倍的價格波動，反向型＝相反

SPX與SSO

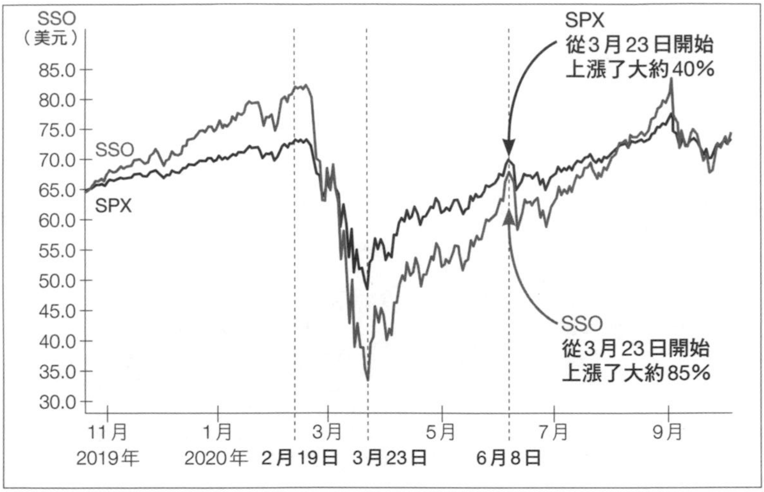

（由 Trading View 提供）

的價格走勢，所以其實應該要下跌百分之一百二十，但是實際上的跌幅大約是百分之七十。這是為什麼呢？

我們再來看看其他時間段。

從二月十九日的高點往後大約六個半月的時間裡，【SPX】下跌了百分之八。

【SSO】本來應該要下跌百分之十六，但是卻下跌了大約百分之二十三。

SPX與SPXU

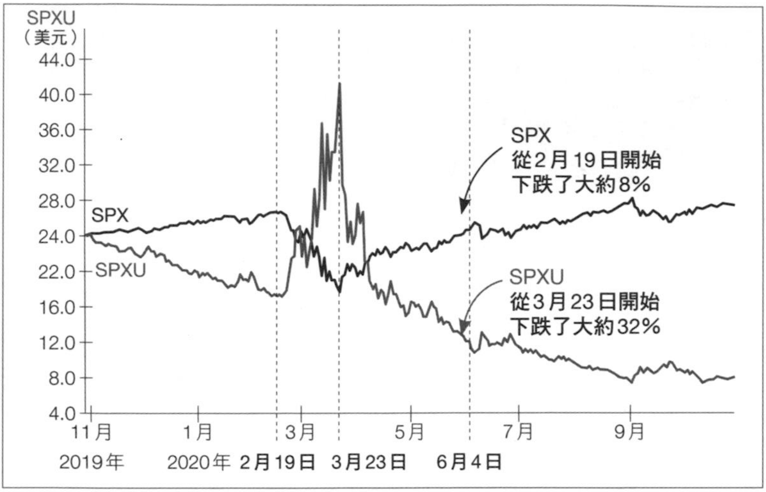

（由 Trading View提供）

【SPXU】明明應該要上漲百分之二十四，但是卻下跌了百分之三十二。

從以上的資料來看，我們可以知道，只要時間拉長，與定義之間的落差就會進一步擴大。

原因很簡單。

大部分的資金槓桿和反向型的ETF，都是設計成與其基礎的商品（連動的指數）以一天為單位進行連動，這點也有用英文寫在委託書（Mandate）上。因此，雖然每天的落差很小，但是隨著天數遞增，差距就會擴大，沒辦法獲得與定義一致的效果。

總而言之，反向型和資金槓桿ETF之類的商品都是為當沖而設計的。

當美國的失業率一公布、聯邦準備理事會（簡稱聯準會，Federal Reserve Board, FRB）發布了什麼訊息、日本銀行舉行記者會的時候，當沖客因為持有很多股票，心裡有點害怕，所以就會稍微買些反向型ETF來當作一天之內的避險，如果覺得這樣子的避險還不太足夠的話，就會買進兩倍或三倍的ETF。反向型ETF就是以這些臨時用途為目的而設計的。

在新冠病毒疫情爆發的時候，就有非常多人買進日經平均指數的兩倍反向型ETF。雖然說只要懂得正確的使用方式，我覺得也沒有什麼問題，但是大部分的人並不是這個樣子，甚至有些人還覺得這比利用信用交易賣空的風險還小，如此一來就掉進陷阱裡了。

如果你想要進行避險的話，不要選擇反向型ETF，只需要賣空就可以了。

活用選擇權交易來進行避險

讓我們來了解一下「選擇權交易」，它可以當作短期投資策略的一部分，也可以當作避險的一種手法。

所謂的選擇權交易，指的是「交易未來能夠以約定好的價格買進（或者賣出）股票等商品的權利」。

交易買進權利的選擇權被稱為「買權」（calls），交易賣出權利的選擇權則被稱為「賣權」（puts）。

買權和賣權可以買進，也可以賣出，如果預期指數會下滑，你就可以買進賣權或賣出買權。在指數下滑的情況下，只要賣權價格上漲到高於你買進的價格，就會產生獲利。要是預期指數會上漲，你就可以買進買權或賣出賣權（如同信用交易一

買權選擇權交易

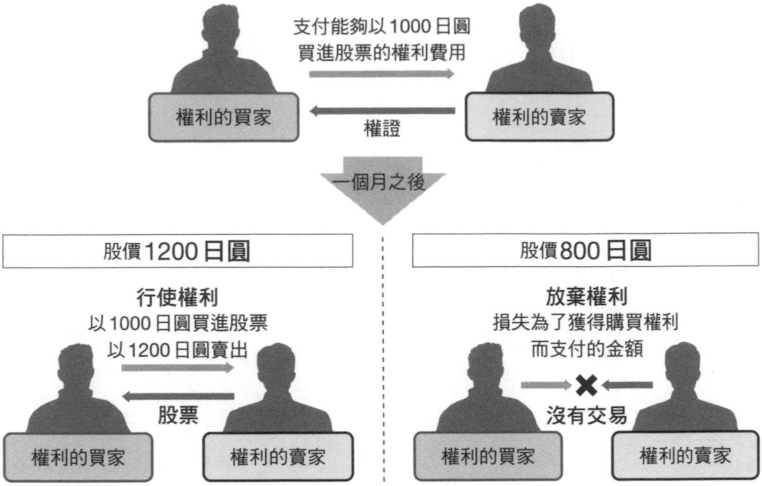

樣，要是你同時賣出買權和賣權，就會需要大量的保證金）。

除此之外，因為選擇權只是在「購買權利」，所以**你可以行使這些權利，也可以選擇不行使（放棄）這些權利**。

大部分的選擇權交易都一定會有結算期限，舉例來說，日經平均指數二〇二〇年十二月選擇權的最後交易日就設定在十二月十日，隔天會確定被稱為SQ（Special Quotation）的結算價格（指數）。一般來說，愈接近SQ，選擇權價格就會愈便宜。

讓我們用X公司的股票當作範例來思考看看吧。

A先生／買進可以在一個月之後以一千日圓買進X標的的權利（支付買權選擇權的費用）

【案例一　一個月後X的股價上漲到了一千兩百日圓】

↓A先生選擇行使以一千日圓買進股票的權利。

…以一千日圓買進了一千兩百日圓的股票，並且在市場上以一千兩百日圓賣出

↓產生了兩百日圓的獲利（實際的獲利是用這個數字扣掉選擇權費用的金額）

【案例二　一個月後X的股價下跌到了八百日圓】

↓A先生選擇不行使權利。

↓預先支付的選擇權費用化為了損失

如上所示，在購買權利的買權選擇權交易中，當股價上漲的時候，就會產生獲利，當股價下跌的時候，就會產生損失。

你可能會覺得股價下跌產生虧損是正常的，但是實際上，你如果在一千日圓的時候買進，並且在八百日圓的時候賣出，就會虧損兩百日圓，相較之下，在選擇權交易中，你只是放棄了「買進的權利」而已，所以損失的就只有選擇權費用，這就是其中的不同之處。

另一方面，交易出售權利的賣權則會產生與買權相反的效果。

當股價下跌的時候，就可以透過行使權利來產生獲利，當股價上漲的時候，就可以放棄權利承受虧損。

舉例來說，假設你持有股票X，如果X股票的價格下跌，你手上持有的股票就會產生虧損，但是只要預先進行X賣權的選擇權交易，就可以透過選擇權交易產生獲利。換句話說，你可以為持有的X所產生的損失進行避險。

雖然有些人會覺得選擇權交易是一種賭博，但是我的策略就是有效地利用它來進行避險。

Chapter 6

獅子戰略④
圖表與技術面分析

不要看基本面，要看技術面

在短期投資中，重點在於搭上浪潮，跟著趨勢走。那麼，我們要怎麼做才可以抓住一波浪潮或趨勢呢？

在投資的世界裡，有兩種分析價格的方法，分別是「基本面分析」和「技術面分析」。

基本面分析會收集並分析企業的營業額、利潤和負債之類的財務資料、開發能力、市場預測、需求與供給的計算等各式各樣的資料，接著應用在未來價格預測之類的用途上，主要用來進行長期的股價預測。

另一方面，技術面分析則是觀察圖表來預測後續的價格，雖然也可以用在長期分析上，但是主要是用於短期的分析。

雖然這兩種方法我都研究了很多年，但是我並不太重視基本面分析，因為如果是已上市的標的，幾乎所有資訊都會在網際網路上流傳，並且即時反映在商品的價格上。雖然個人獲取資訊變得更加容易，但是當我們把它分析完的時候，資訊早就已經反映在股價之類的數字上了，所以就算這個時候進行投資，也已經太遲了。

如果是私人公司、未上市企業、不動產等沒有上市的標的，或者是像中小企業或開發中國家的股票這種雖然有上市、但是資訊較少的標的，基本面分析確實也具有一些優勢，不過我認為以大部分的商品而言，基本面分析都沒有什麼優勢。針對大家都握有的資訊進行分析，煩惱要不要進行投資，這並沒有什麼太大的意義。以我的想法來說，**應不應該投資，圖表會告訴你**。

除此之外，我也不太會投資單一個股，我投資的大部分都是ETF，因為單一個股除了有破產風險和結算風險以外，根據市值不同，大型的機構投資人只要一投資，價格就有可能會大幅波動，即使觀察圖表也看不太出趨勢所在，所以在我看來，**ETF、外匯或大宗商品會比較容易找出趨勢，進而產生獲利**。

學習圖表，累積經驗

圖表可以在證券公司或投資的資訊網站上看到。

使用任何平台都可以，只需要免費的資訊就足夠了。

我認為以短期投資而言，要看的基本上是六個月到一年的每日圖表。

如果你想要學會自行分析的話，我覺得**最好的方法是觀看並且學習那些擁有一定投資經驗的人所做的分析和解說**，你也可以看我的 YouTube 影片。

我以前也是坐在華爾街的導師旁邊，觀察他所做的分析，加上不斷反覆閱讀解說書來學習圖表的，我認為圖表是我一路上以來受過最棒的教育。你可以把具有經驗的人所做的分析當作參考，之後自行進行分析，接著再來檢視是否正確。這一切都要靠經驗，為了利用圖表掌握趨勢，我累積了各式各樣嘗試錯誤的經驗。以下我想要根據這些經驗，與各位分享一下我自己在看圖表的基本知識。

圖表應該要多久看一次

我常常被問到，如果要進行短期投資的話，是不是得要一直盯著圖表看？圖表又應該要多久看一次才好？在圖表分析中，並不存在「只要這樣做，就會得到正確答案」的規則。**因為市場上有無數的投資人，每個人都抱持著各式各樣的想法參與投資，價格也一直在變動，所以靈活思考是很重要的**。

當市場波動又大又快速的時候，我一天可能會看兩～三次的圖表，在波動比較小的時候，我可能一週只會看一次。

如果你是那種一直盯著價格就會感到不安的人，也許最好要避免看太多圖表而產生壓力。這取決於市場的狀況，也取決於你的個性，所以你要做的，就是找到自己的節奏。

K線圖（Candlestick Chart）

那麼，讓我們來具體地看一下圖表吧。圖表的基礎是K線圖。

K線（日本稱為蠟燭線）每一根代表的是一段時間內的價格走勢，如果是日K線的話，就是一天的價格走勢；如果是週K線的話，就是一週的價格走勢。

在日本，上漲期間的K線是紅色的，被稱為陽線，而下跌期間的K線則是綠色的，被稱為陰線。據我所知，除了華爾街以外，無論是英國、新加坡還是香港，幾乎所有金融中心的顏色都與日本相反。

如果以日本基準的日K線來說的話，紅色的K線（當天價格上漲）下方的橫槓是當天的開盤價（市場開始時的價格），上方的線是收盤價（市場關閉時的價格）。在價格下跌的時候則會反過來，上方的線代表開盤價，下方的線代表收盤

K線（蠟燭線）圖的看法

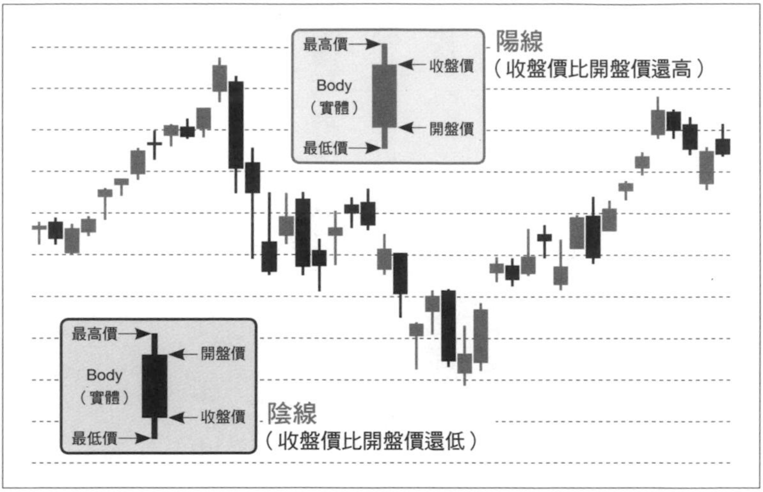

價。K線上面凸出來的線被稱為上影線，是當天的最高價，下面凸出來的線則被稱為下影線，是當天的最低價。

雖然還有其他像是線型圖和柱狀圖等各式各樣的圖表，不過**我推薦的是可以清楚看到一天（一定時間）之內價格走勢的K線圖**。比起線型圖只能夠看到收盤價，只要使用K線圖，就可以了解當天（那段時間）的價格走勢長什麼樣子。

成交量（Volume）

代表有多少交易量的「成交量」也是很重要的。

很多人往往只會關注價格的走勢，但是了解成交量很大的那一天發生了什麼，對於解讀趨勢來說也很重要，所以一定要仔細檢視。

讓我們來看看可以投資一系列美國航空股票的ETF【JETS】的範例。

我在二〇二〇年四月～六月買進了【JETS】當作短期投資的一環，當時華倫・巴菲特與我相反選擇了賣出，我也因此受到了大家的關注。有許多的投資人都在關注巴菲特的投資行動，所以有可能形成賣壓（Selling Pressure）。當時的我一直在關注成交量，由於成交量和價格上漲的時候沒有什麼太大的改變，因此我判斷賣壓並沒有很強勁。

除此之外，【JETS】跟價格下跌時的成交量比起來，價格上漲時的成交量多出了好幾倍，這讓我感到更有信心。因為就我的想法而言，**如果在價格上漲的時候成交量比較大，就代表還有很多人願意買進**。

實際上，在那之後，成交量很多的狀態依然持續，價格也上漲了。

移動平均（Moving Average）

接下來我要談的是「移動平均」。

所謂的移動平均，指的是一段時間以內的平均價格，把它們串連起來的線就被稱為移動平均線。舉例來說，假設是一百日均線的話，畫出來的就是一條串連過去一百天之內平均價格的線。

圖表上會同時顯示一百日均線、五十日均線、二十五日均線等好幾條移動平均線，我們就可以看到價格波動的趨勢。如果現在的價格在二十五日移動平均線的上方，就代表現在的價格高於過去二十五天之內的平均，所以價格呈現上漲趨勢，如

移動平均與黃金交叉、死亡交叉

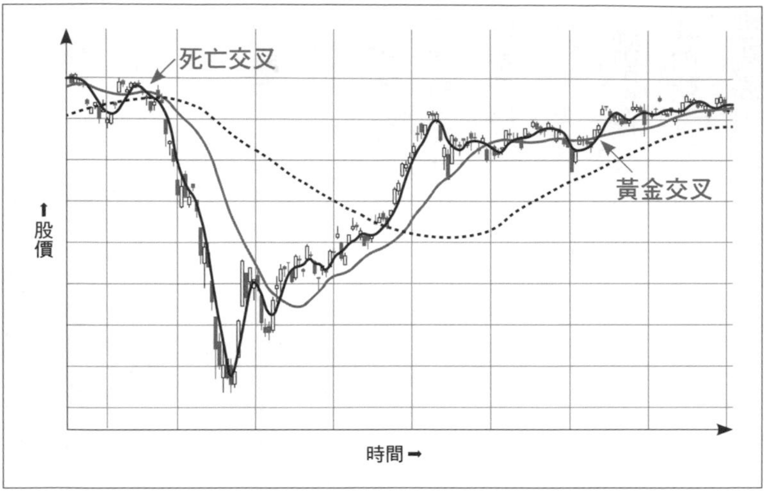

（由 Kabutan 製圖）

果在下方的話，就是呈現正在下跌的趨勢，我們也可以做出像這樣的解讀。

我們可以從移動平均得到的其中一種訊號是「死亡交叉」（Death Cross）。

舉例來說，假設有五日移動平均線和二十五日移動平均線，這兩條線都在下降，如果短期的移動平均線（五日移動平均線）向下突破長期的移動平均線（二十五日移動平均線），就是接下來即將出現下跌趨勢的訊號。尤其是如果連七十五日移動平均線都被突破的話，趨勢的傾向就會顯得更加強勁。

與死亡交叉呈現相反趨勢的就叫做「黃金交叉」（Golden Cross）。

假設五日移動平均線和二十五日移動平均線兩者都在上升，而且五日移動平均線向上突破二十五日移動平均線的話，就是接下來即將出現上漲趨勢的訊號。要是連七十五日移動平均線都突破的話，趨勢的傾向就會顯得更加強勁。

MACD

【MACD】

MACD（指數平滑異同移動平均線，Moving Average Convergence / Divergence）是我特別喜歡的一項技術分析指標。

這是在一九七〇年代由傑拉爾德．阿佩爾（Gerald Appel）所提出的指標，我認為它在掌握趨勢方面非常有效。

MACD的使用方式和移動平均一樣，當兩條線互相交叉的時候，就是趨勢產生變化的訊號。以基本的定義而言，分別有MACD線與訊號線這兩條線，**如果MACD線向上突破訊號線的話，就是上漲趨勢，如果向下突破的話，就是下跌趨勢**。

當MACD的兩條線都朝向同一個方向發展的時候，就代表訊號很強。如果其中一條正在往上升，但是另一條沒有向上發展的話，就代表趨勢比較微弱，兩者都朝向同一個方向的就是強勁的趨勢。

如果想要計算MACD，就要使用到指數函數的移動平均「EMA（指數平滑移動平均線，Exponential Moving Average）」。

EMA的特點在於，它並不像前面提到的移動平均那樣，是單純把一段時間內的價格平均，而是針對一段時間的價格之內最近的資料進行加權計算。這意味著除了一段時間的平均以外，最近的價格也獲得了很強的反映。

先計算出短期的ＥＭＡ和長期的ＥＭＡ，再把短期ＥＭＡ減去長期ＥＭＡ，就會得到「ＭＡＣＤ線」。

你可以自己設定短期和長期的時間，世界上大部分的演算法在計算ＭＡＣＤ線的時候，都會把短期設定為十二天，長期設定為二十六天。訊號線通常則會以ＭＡＣＤ線九天的ＥＭＡ來計算。

換句話說，

ＭＡＣＤ線：（十二天的ＥＭＡ—二十六天的ＥＭＡ）

訊號線：ＭＡＣＤ線九天的ＥＭＡ。

讓我們來看看具體的範例吧。

以下的這張圖表是【ＪＥＴＳ】的圖表，使用了ＭＡＣＤ線：（十二天的

JETS的圖表與MACD

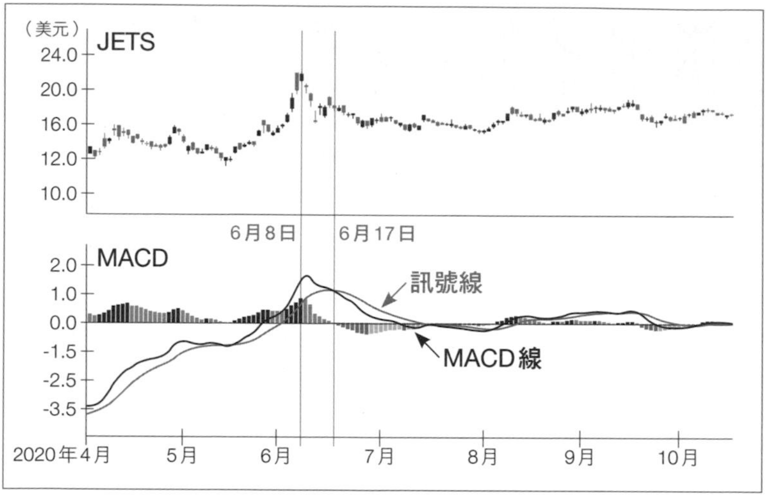

（由Trading View提供）

EMA－二十六天的EMA）、訊號線：MACD線九天的EMA。

這張圖表在二〇二〇年六月十七日的部分出現了賣出的訊號，但是這個訊號比實際的市場稍微晚了一點，實際的價格高峰是在六月八日。

然而，我還是不想改變這個比例（十二天、二十六天、九天），原因在於如果與世界上正在使用的指數差異太大，就有可能看不到世界的趨勢。透過檢視世界的投資機構常用的相同圖表，你才能夠掌握趨勢，搭上浪潮。

不過，使用這些數值來分析的時候，顯示趨勢的訊號有時候會太快或太慢這點也是事實。換句話說，要使用哪段時間並沒有規定，你必須根據商品、期間和用途來改變自己使用的數值，我認為這足以稱得上是一門藝術。

你可能會覺得，要靠自己進行思考和判斷是一件很困難的事情，但是這正是它的有趣之處。

即使是演算法，也沒有辦法完全掌握怎麼樣才恰當，原因在於市場隨時都在發生變化，而波動率和趨勢也一直在改變，所以無法斷定要使用什麼數值才恰當，需要根據當下的情況來進行判斷。

如果你要進行技術面分析的話，就得要自己實際使用各式各樣的數字，移動圖表來玩玩看。讓我們試著挑戰看看吧。

布林通道

這是技術面分析的必殺技，我想要介紹一下我不太為人所知，但是和其他人有點不一樣的使用方式。

布林通道是利用移動平均線加上標準差所組成的指標。

布林通道分別有中軌、上軌和下軌。中軌是二十天的移動平均線；上軌是二十天的移動平均線加上兩倍二十天的標準差；下軌則是二十天的移動平均線減去兩倍的標準差。

我們會根據中軌、上軌和下軌所顯示的範圍與實際價格的關係來進行分析。

以下讓我們來看看美國的金融機構ETF【XLF】的範例。

一般來說，投資的時機是在突破上軌和下軌所呈現的範圍（在布林通道以內）之後。如果穿越了上方，就代表價格到了高點，所以要賣出；如果穿越了下方，就代表價格到了低點，所以要買進。

但是我的看法不太一樣。

當然，我相信這樣的做法也可以獲利，不過你需要確保的是，這個分析方法無論在任何策略和任何狀況下都是有效的，尤其最重要的是，它在危險的局面下是否能夠發揮作用。

我們來看看新冠病毒疫情衝擊時的【XLF】，在二月二十七日的時候，圖表上出現了買進的訊號，然而在那之後，價格還是持續下探了好幾個星期，要是你在二十七日買進的話，就會產生虧損。

在價格正在下跌的時候買進和廝殺，就像是要試圖抓住一把正在下墜的刀子一樣，是非常危險的。我覺得等到下跌得差不多了，價格穩定下來之後再抓住它，這

XLF的布林通道

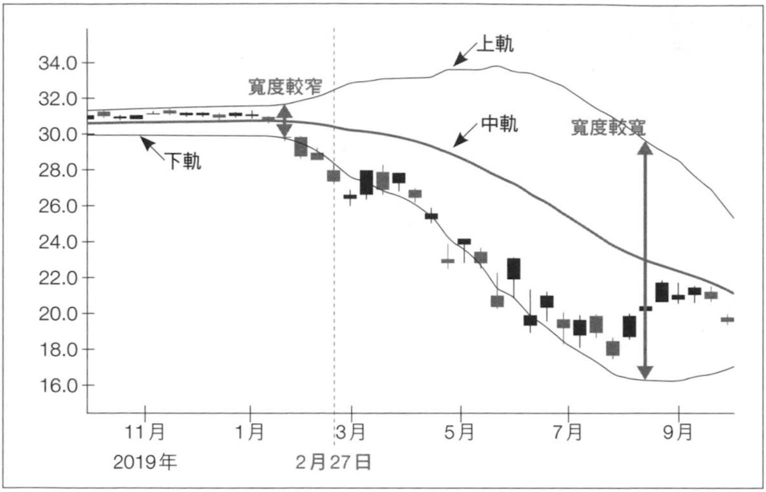

（由 Trading View 提供）

樣應該就足夠了，不要試圖在價格觸底之前把它撿起來，這樣才能夠控制風險，產生獲利。

因此，我認為布林通道這種基本的使用方式並不是很好。

那麼應該要如何使用才好呢？

我的做法是，運用MACD或其他的技術面指標來搭上浪潮（判斷是否要買進等等），接著等到買進了以後，再利用布林通道來尋找賣出的時機。

我會觀察MACD來買進，搭上浪潮，接著等待價格持續上漲。不過到了某個時間點，我會先把一部分賣掉。這是為什麼呢？因為價格已經穿越布林通道上方了。

就像我前面提到的一樣，布林通道的計算上使用了標準差，所以穿越布林通道就代表價格已經脫離了標準差。跑到離群值並不是一件正常的事情，所以我認為此時稍微先確保獲利會比較好，雖然我們不知道它是不是真的衝得太高了，但是因為它確實脫離了標準差，所以在確保獲利的第一階段，可以先賣掉部位的百分之三十~七十，如果價格進一步上漲，就在第二階段賣出。這就是我的布林通道必殺技之一。

如果在那之後價格上漲的話，你可能會覺得「早知道就不要賣掉了」；如果價格下跌的話，你可能會覺得「早知道就全部賣掉了」，但是我們沒有必要在意這點，因為就算是職業的投資人或是天才，也不可能百分之百把握住時機，所以說試圖實現百發百中，或者因為沒有達成而苦惱，都只是在損失時間和浪費精力而已。

我還有一個必殺技。

這個使用方式就是，**利用布林通道來檢視其他MACD之類的技術面指標所呈現的趨勢訊號是否正確**。

根據市場的狀況不同，布林帶寬度（Bollinger Band Width，BBW）有時後很窄，有時候很寬。

當布林帶寬度比較窄的時候，就代表標準差很低，也就是說分散程度比較小。這也可以解讀為趨勢比較小，或者比較短，所以圖表上所呈現的訊號就很高的可能性會失準。

RSI

我認為RSI（相對強弱指標，Relative Strength Index）也是一個重要的獲利工具。

RSI是利用平均漲幅和平均跌幅所計算出來的，是能夠得知速度與波動率大小的技術面指標。

RSI線是利用過去十四天的平均漲幅與過去十四天的平均跌幅來計算的。

我覺得不管是在華爾街，還是在世界各地，都有很多人正在以錯誤的方式使用RSI。一般的使用方式是：如果RSI的數值突破七十的話，就代表價格被高估了；如果RSI的數值跌破七十的話，就代表價格被低估了，但是我的使用方式和大部分的投資人都不太一樣。

讓我們來看看【黃金】的圖表吧。

從歷史上來看，RSI在二〇二〇年一月七日附近突破了八十五，相信有很多人都會視為是賣出的訊號，然而在那之後價格依然持續上漲，代表這個分析是錯誤的。如果在當時預期價格會下跌，並且選擇了賣空，就會產生虧損。

有許多投資人，包含華爾街在內，都會使用RSI來判斷時機，打算在價格

黃金的圖表與RSI

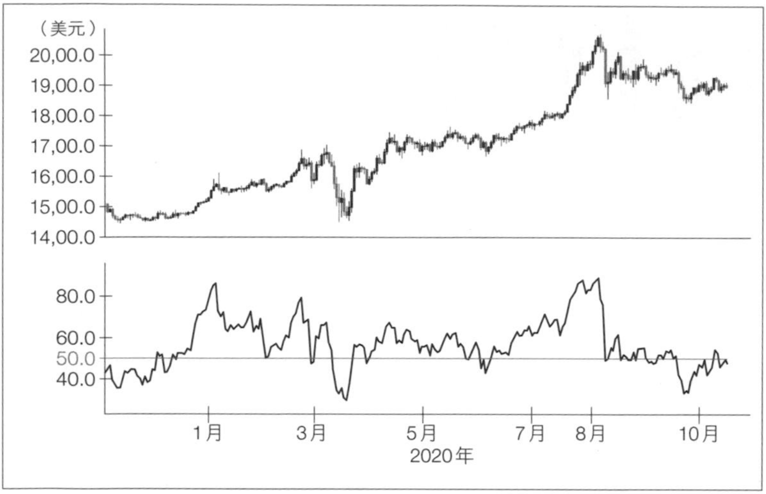

（由 Trading View 提供）

被高估的時候賣出，在價格被低估的時候買進。但是我不太常尋找時機，因為只要跟著趨勢走，就可以賺到足夠的金額，夏普比率也能夠獲得提升。我要再強調一次，試圖計算出時機只是在浪費時間和精力。

那麼應該要怎麼樣使用才對呢？讓我來告訴你我使用RSI的方式吧。

RSI的平均大概是五十，如果在五十左右的話，就代表價格既沒有被低估，也沒有被高估，我們要看的就是這個地方。舉例來說，我們可以觀察從低於五十的地方超越五十的時間點，把它視為趨勢從價格被低估的時期發生變化的訊號，這個時候你就可以搭上浪潮來進行投資。

舉例來說，RSI在六月八號的時候是四十五，到了十號變成五十五，我們就可以看作趨勢發生了變化。

另外，RSI在五月十九號左右的時候是六十左右，接著一路往下探，在六月四號的時候跌破五十，變成了四十七。在那之後，第一次突破五十的時間點是二十六號。如果你在四號的時候提前買進，就可以賺取獲利。

如上所示，以五十為基準來找出趨勢，就是我的分析方法。

找出股價的領先指標

讓我們來介紹一下領先指數吧。

「VIX指數」與「VVIX指數」是由芝加哥選擇權交易所（Chicago Board

VVIX／VIX與S&P 500

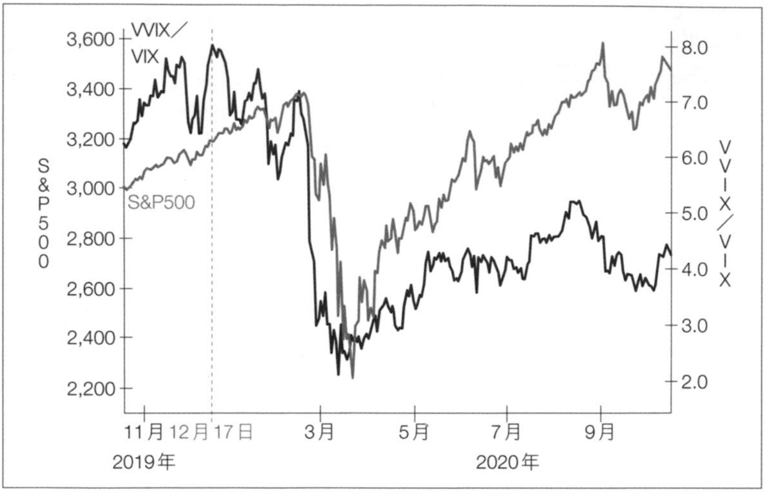

（由 Trading View 提供）

Options Exchange, CBOE）所計算出來的指數。

「VIX指數」是以S&P 500三十天之內選擇權交易的波動性（Volatility，價格波動的程度）為基礎的指數，通常被用於反映投資人對於短期波動程度的心理，亦被稱為「恐慌指數（Investor Fear Gauge）」。

「VVIX指數」則是VIX指數三十天之後的預期波動性，只要VIX指數的預期價格上升，VVIX指數就會跟著升高。

兩者結合起來的「ＶＶＩＸ／ＶＩＸ」在二〇一九年十二月上升到了高點，美國股票則在二〇二〇年二月達到高點。另外在新冠病毒疫情衝擊下，ＶＶＩＸ／ＶＩＸ在三月十一日下探到了低點，股價則在二十三日達到低點。如上所示，**ＶＶＩＸ／ＶＩＸ和美國股票呈現高度相關，並且具有走在股價前面的特點**。

舉例來說，在美國的川普感染新冠病毒之後不久，ＶＶＩＸ／ＶＩＸ就下滑了。在這樣的情況下，我們可以做出的合理判斷是，在幾個星期以內，最好避免再買進美國股票進行短期投資。

只要還沒有到世界末日，長期定期定額的投資就不需要改變方針，可以持續進行，而短期投資則需要隨時檢視ＶＶＩＸ／ＶＩＸ，當市場不穩定的時候，就要提高現金的比例，觀察情勢，才是比較明智的做法。

圖表是一門藝術，非常深奧

短期投資的優勢之一，就在於技術面分析。

你不需要煩惱時機，想說要買在最低點，賣在最高點什麼的，只要跟著趨勢走，就可以賺到錢。我認為你只要正確使用圖表，圖表往往就會告訴你應該搭上的浪潮在哪裏。

比起基本面分析，我更喜歡技術面分析。以我的觀點來說，只要有一百個人，就會有一百種解讀圖表的方式，這就代表還有許多尚未被發掘出來的賺錢機會。根據每個人的經驗不同，解釋方式也會有所差異，我覺得這簡直就是一門藝術。

希望各位可以好好享受圖表的樂趣。

後記

當時我在華爾街的時候。

我想要擁有一千億美元的資產，如此一來，我就可以壓倒性地擊敗朋友，登上全球富豪榜（由雜誌《富比士》所公布的排行榜），我以為這就是我的目標。

然而，無論你去歐洲的博物館，還是埃及的博物館，或者不管是在美國的歷史書上，還是在亞洲的資料館裡，都幾乎找不到「這個人物在競爭中勝出，成為了資產家」而獲得致敬的紀錄。

我曾經很粗淺地想過，如果我成為了億萬富翁，就可以使用這些錢為這個世界帶來一點改變。

但是至於要怎麼改變這個世界，我就沒有真正思考過了。

但是現在不一樣了。

我需要做的是和日本的各位分享我在華爾街和東南亞的旅行期間所培養出來的投資、商務、經驗、心態控制和談判技巧。

投資是人生中不可或缺的一部分，所以我認為，透過改變日本人的投資心態，或許就可以為日本帶來改變。

這是我經營YouTube的目的，也是我動筆寫下這本書的理由。

我開始認為，藉由分享投資的技巧，我就正在為世界帶來改變。

我希望能夠徹底改變未來年輕世代認為「投資是風險」的心態，投資是一種很棒的東西，它可以拓展你人生的選項，也可以緩解不安。希望大家可以在清楚認識到投資必須要自行判斷，投資的責任也要自行承擔的前提之下，踏出穩固的第一步。

因為「投資不是風險，不投資才是風險」。

如果這本書能夠成為連結你與投資之間的橋樑，我會感到非常開心。

十分感謝您一路閱讀到最後。

這本書是在許多人的幫助與支持之下才得以出版的，我要在此感謝KODOKAWA的磯俊宏先生、協力執筆的高橋晴美小姐，以及伊藤剛先生在編輯方面的協助。

除此之外，我也要誠摯地感謝幫忙檢查原稿，而且還給予我建議的A先生夫婦他們多年以來的溫暖支持與協助，接下來，我還要在此向幫忙檢查原稿的T先生表示感謝。

我也要對波士頓日本語學校的各位道謝。

另外，我還要在此深深地向我的父母親致上謝意。父親在我很小的時候就教我開始投資，也教導了我努力與教育的重要性。雖然我幾乎是在國外長大的，但是母親還是竭盡全力地教我日語，也教導了我堅強的人生態度與倫理的思維方式。

在最後，各國的朋友們、YouTube的每一位訂閱者，以及讀完了這本書的你，我要打從心底對你們表達感謝！

讓我們在YouTube上再見吧。

二〇二〇年十二月　秋天　高橋丹

國家圖書館出版品預行編目（CIP）資料

我在華爾街學到的致勝投資術：一輩子不再為錢煩惱／高橋ダン著；陳佩玉、李煥然譯. -- 初版. -- 臺北市：商周出版：英屬蓋曼群島商家庭傳媒股份有限公司城邦分公司發行, 2022.1
面；　公分
譯自：僕がウォール街で学んだ勝利の投資術——億り人へのパスポート渡します
ISBN 978-626-318-103-8（平裝）
1. CST：股票投資　2. CST：投資技術
3. CST：投資分析
563.53　　110020303

BW0789

我在華爾街學到的致勝投資術

一輩子不再為錢煩惱

原　書　名／僕がウォール街で学んだ勝利の投資術
——億り人へのパスポート渡します
作　　　者／高橋ダン
執 筆 協 力／高橋晴美
譯　　　者／陳佩玉、李煥然
責 任 編 輯／劉芸
版　　　權／黃淑敏、吳亭儀、江欣瑜
行 銷 業 務／周佑潔、林秀津、黃崇華

總　編　輯／陳美靜
總　經　理／彭之琬
事業群總經理／黃淑貞
發　行　人／何飛鵬
法 律 顧 問／台英國際商務法律事務所　羅明通律師
出　　　版／商周出版
臺北市104民生東路二段141號9樓
電話：(02) 2500-7008　傳真：(02) 2500-7759
E-mail: bwp.service @ cite.com.tw
發　　　行／英屬蓋曼群島商家庭傳媒股份有限公司　城邦分公司
臺北市104民生東路二段141號2樓
讀者服務專線：0800-020-299　24小時傳真服務：(02) 2517-0999
讀者服務信箱E-mail: cs@cite.com.tw
劃撥帳號：19833503　戶名：英屬蓋曼群島商家庭傳媒股份有限公司城邦分公司
訂 購 服 務／書虫股份有限公司客服專線：(02) 2500-7718；2500-7719
服務時間：週一至週五上午09:30-12:00；下午13:30-17:00
24小時傳真專線：(02) 2500-1990；2500-1991
劃撥帳號：19863813　戶名：書虫股份有限公司
E-mail: service@readingclub.com.tw
香港發行所／城邦（香港）出版集團有限公司
香港灣仔駱克道193號東超商業中心1樓
電話：(852) 2508-6231　傳真：(852) 2578-9337
馬新發行所／城邦（馬新）出版集團
Cite (M) Sdn. Bhd.
41, Jalan Radin Anum, Bandar Baru Sri Petaling, 57000 Kuala Lumpur, Malaysia.
電話：(603) 9057-8822　傳真：(603) 9057-6622　E-mail: cite@cite.com.my

封 面 設 計／黃宏穎
印　　　刷／韋懋實業有限公司
經　銷　商／聯合發行股份有限公司　電話：(02) 2917-8022　傳真：(02) 2911-0053
地址：新北市新店區寶橋路235巷6弄6號2樓

■2022年1月11日　初版1刷　　Printed in Taiwan

定價370元　港幣123元

ISBN：978-626-318-103-8（平裝）　ISBN：9786263181021 (EPUB)

城邦讀書花園
www.cite.com.tw